Über Eigennutz und Undank

PROMENADE

6

Herausgegeben von Gert Ueding

ÜBER EIGENNUTZ UND UNDANK

Ein Gegenstück zu dem Buche:
Über den Umgang mit Menschen

von
Adolph Freiherr von Knigge

Klöpfer & Meyer Verlag

VRYHEER VAN
KNIGGE.

»DER FREIE HERR KNIGGE«

Das Grundbuch der bürgerlichen Kultur und Lebensweisheit hat ein Adliger geschrieben: Adolph Freiherr von Knigge, oder wie er sich, demonstrativ seine Adelsbezeichnung bei ihrer ursprünglichen Bedeutung nehmend, nannte: der freie Herr Knigge. Ins Bewußtsein des breiten bürgerlichen Publikums ist er als Autor eines »Benimmbuches« eingegangen, das im Jahre 1788, ein Jahr vor der Französischen Revolution, erschien, in zahlreichen Auflagen, mit Seitenstücken und Ergänzungen auf dem Buchmarkt des ganzen 19. Jahrhunderts seinen festen Platz hatte und eine so große Popularität genoß, daß der Autor schließlich mit seinem Werk identifiziert wurde: »der Knigge«, damit meinte man das Buch des Anstands und der Höflichkeit, nicht mehr »diese(n) tiefe(n) Kenner der Menschen und Bestien«, wie Heine den Freiherrn genannt hat. Ein Komplimentierbuch aber hat Knigge gar nicht schreiben wollen: »Leuten von gewissem Stande und einer nicht ganz gemeinen Erziehung ist das in der ersten Jugend schon eingeprägt worden.«

So dürfen die späteren Auflagen meist nicht mehr mit der ursprünglichen Abhandlung »Über den Umgang mit Menschen« verwechselt werden, und was heute noch mit Knigges Namen im Titel Absatz findet, zeugt nur noch sehr entfernt von der Wirkungskraft dieses bürgerlichen Grundbuchs. Sein immenser Erfolg, von dem übrigens der sein Leben lang in beengten Verhältnissen lebende Autor so gut wie nichts profitierte, hat das übrige mehr als 100 Bände umfassende Werk so überstrahlt, daß die Nachwelt davon meist gar keine Kenntnis mehr nahm. Hinzu kam, daß die republikanische

Gesinnung des durch die Schuld des Vaters verarmten Freiherrn aus der hannöverschen Provinz (sein prächtiges Geburtshaus kann man noch heute in Bredenbeck besichtigen; es befindet sich auch wieder im Besitz der Familie) für die Nachwelt ein ganzer Fels des Anstoßes blieb, von dessen wahrer Beschaffenheit man nichts wissen wollte. Das betraf die politisch-satirische Prosa ebenso wie die herrliche Insel-Utopie im Schelmenroman »Peter Clausen«, die frühen Sozialreportagen im »Roman meines Lebens« oder den späten komischen Roman »Die Reise nach Braunschweig«; es betraf auch Seitenstücke zum »Umgang mit Menschen« – sie sogar besonders. An ihnen nämlich hätte man den Verlust ermessen können, den die vielen populären Bearbeitungen des »Umgangs« zu einem oberflächlichen Regel- und Benimmbuch mit sich gebracht hatten. Es war ein Werk praktischer Sozialethik gewesen, worin sein Autor dem Bildungsideal des trotz aller politischen Enttäuschungen zu kulturellem Selbstbewußtsein gefundenen Bürgers seiner Epoche zusammenfassend und ordnend Ausdruck gegeben hatte. Ein Werk zudem, gesättigt von Erfahrung und Weltkenntnis, das nicht nur den Moral- und Tugendbegriffen des Bürgertums und damit seinen sozialen und politischen Vorstellungen verpflichtet blieb, sondern auch deren frühe Perversionen schon hellsichtig in seine Kritik miteinbezog.

Der große Essay »Über Eigennutz und Undank«, den Knigge selber als Seitenstück zum »Umgang mit Menschen« bezeichnet hat, teilt die Vorzüge seines Erfolgsbuches: genaue Beobachtung der Wirklichkeit, lebendige Beispiele, unbestechliche Urteile, die sich zum Grundriß einer praktischen Philosophie des Alltags zusammenfügen. Daß auch der Freie Herr Knigge von den Sichtweisen seiner Zeitgenossen dennoch nicht unabhängig war, zeigt sein Bild vom Juden, das dem »literarisch vorgeprägte(n) und im sozialen Verhalten nachvollzogene(n) Denkklischee« (Hans Mayer) bis in die kolportagehaften Einzelheiten entspricht – Raabe und Freytag sollten es später nicht anders zeichnen.

»Gesellschaftliche Beredsamkeit« hat Knigge die Kunst des Umgangs genannt, einige ihrer Grundlagen zu klären, gerade in Auseinandersetzung mit Kants Postulaten der praktischen Vernunft, ist das Hauptziel dieser Schrift, die im Todesjahr des Autors, 1796, erstmals erschienen ist. Wenn sie seither einmal gedruckt wurde, wie noch 1943 in einem Schweizer Verlag, teilte sie das Schicksal des »Umgangs«: sie wurde bearbeitet, geglättet, gekürzt, kurz – im jeweiligen Zeitinteresse verschlimmbessert. Diese Neuausgabe 200 Jahre später folgt der Erstedition, allein die Orthographie wurde dort dem heutigen Gebrauch angepaßt, wo Lautstand und die schriftstellerischen Eigenarten Knigges nicht verletzt werden konnten: das gebührt der Respekt vor der stilistisch-rhetorischen Leistung eines Autors, der Klarheit, Verständlichkeit, Angemessenheit und Sympathie auch als die obersten Tugenden der Schriftstellerei anerkannt wissen wollte, weil seiner Überzeugung nach allein durch sie Aufklärung und Humanität über den engen Zirkel der Gelehrtenrepublik hinaus verbreitet und wirklich populär werden könnten.

Gert Ueding

Dem
uneigennützigen, Dank verdienenden
Menschenfreunde,

Herrn Doktor Reimarus

in Hamburg
widmet dieses Buch

über Eigennutz und Undank

Der Verfasser

VORREDE

Nicht ohne Mißtrauen wage ich die öffentliche Bekanntmachung dieser Schrift, welche die Untersuchung einiger Gegenstände der Sittenlehre zum Zwecke hat. Der größte Teil des heutigen Publikums pflegt keinen Geschmack an ernsthaften Abhandlungen von der Art zu finden, sondern wenigstens zu verlangen, daß die moralischen Lehren in das gefällige Gewand eines Romans gehüllt oder sonst hinter irgendeiner reizenden Bekleidung versteckt erscheinen sollen. Mehr als eine Ursache aber hat mich diesmal abgehalten, eine andre Form als die der ungeschmückten Darstellung zu wählen. Es ist unmöglich, Leser, die ohne Unterlaß Neuheit in Materie und Einkleidung fordern, zu allen Zeiten zu befriedigen. Nicht jeder Stoff verträgt eine solche Bearbeitung, ohne an seiner Würde zu verlieren, und in einem gewissen Alter fehlt auch oft dem Schriftsteller diejenige Geschmeidigkeit und Lebhaftigkeit, die erfordert wird, um sich nach allen Umwandlungen der Mode zu richten und von der Phantasie eine günstige Aufnahme für das, was die Vernunft hergibt, zu gewinnen. Neue Entdeckungen in dem Gebiete der Sittenlehre zu machen, ist wohl unsern Zeiten nicht mehr vorbehalten; daß aber manche moralische Vorschriften noch nicht zu oft sind in Erinnerung gebracht worden, beweiset leider! die schlechte Befolgung dieser Vorschriften. Eigennutz und Undank sind Laster, über die man, bei dem mit dem Luxus zugleich einreißenden Sittenverderbnisse, häufig klagen hört. Habe ich diese Gegenstände nicht so behandeln können, daß ich auf den Beifall *aller* Leser rechnen darf; so läßt mich doch die gute Aufnahme meines Buchs *über den Umgang mit Menschen,* das in derselben Manier geschrieben ist, hoffen, nicht allgemein zu *mißfallen.* *Bremen, im September 1795, Knigge*

ERSTE HAUPTABTEILUNG
ÜBER DEN EIGENNUTZ

Le soin d'avancer, autant qu'il est en notre pouvoir, le bien commun de tout le système des agens raisonnables, sert à procurer, autant qu'il dépend de nous, le bien de chacune de ses parties, dans lequel est renfermée notre propre félicité, puisque chacun de nous est une de ces parties. D'où il s'ensuit, que les actions, contraires à ce désir produisent des effets opposés, et par conséquent entraînent notre misère aussi bien que celle des autres.

Traité philosophique des loix naturelles, par Cumberland, traduit par Barbeyrac. Amsterd. 1744. Discours prélimin. de l'auteur, § IX pag. 11.

ERSTER ABSCHNITT

Von den Bewegungsgründen, welche den Menschen zu moralischen Handlungen bestimmen, und inwiefern dabei die Beförderung seines eigenen Nutzens und seiner Glückseligkeit die Haupttriebfeder sei und sein dürfe.

1. Ist es wahr, daß die Haupttriebfeder aller menschlichen Handlungen der Eigennutz und daß auch da, wo großmütige Aufopferungen jenen Vorwurf zu widerlegen scheinen, dennoch die Beförderung des eignen Vergnügens, des eignen Genusses, des eignen, wahren oder eingebildeten Glücks heimlich im Spiele sei? Oder vermag der Mensch in seinem irdischen, sinnlichen Zustande nach höhern Bewegungsgründen, nach angebornen, unwandelbaren Gesetzen zu handeln, die, fern von aller Rücksicht auf seinen individuellen Zustand, nur die Ausübung des reinen Guten, nur die Erfüllung der Pflicht, ohne Absehn auf Erfolg und Nützlichkeit, zum Gegenstande haben? Ist dies allein Tugend zu nennen und darf nur der auf moralische Vollkommenheit Anspruch machen, der nach solchen Motiven handelt, die in allen Lagen, in allen Verhältnissen, was für Folgen auch daraus entspringen möchten, wie allgemeine Gesetze betrachtet werden müssen? Gibt es endlich solche Bewegungsgründe? – Das sind Fragen, die seit einiger Zeit wieder so oft unter den Philosophen zur Sprache kommen, daß es wohl der Mühe wert scheint, ohne Systemgeist und ohne Vorurteil, mit der Fackel der Vernunft, noch einmal diesen Gegenstand zu beleuchten, der vielleicht längst nicht mehr im Dunkeln liegen würde, wenn nicht unglückseligerweise, durch die mystische Kunstsprache gewisser Gelehrten, die einfachsten, klarsten Wahrheiten, zu deren Ergründung

nichts als ein gesunder Hausverstand erfordert wird, so entstellt würden, daß sie einen Anstrich von neuer Weisheit erhalten. Hierdurch gewinnen freilich die Nachahmer dieser Lehrart den Vorteil über ihre Gegner, daß, wenn man die unter einer so barbarischen Firma zugleich mit durchschleichenden Irrtümer widerlegt, sie vorgeben und auch wirklich glauben können, man habe sie nicht verstanden. Fragt man aber, woher es komme, daß ein so dunkles System so viel Anhänger findet, so ist nicht schwer darauf zu antworten. Alles Neue reizt die Wißbegierde; dem großen Haufen scheint nichts erhabner, als was dunkel ist; eine Menge sonst vernünftiger Menschen schämt sich zu bekennen, daß sie nicht verstanden habe, was sie mit Aufmerksamkeit gelesen hat; wem es aber gelungen ist, nach fleißigem Studium den Sinn jener abstrakten Abhandlungen in verlornen Stunden zu entziffern, der wird nicht das Verdienst dieser Bemühung verlieren und gestehn wollen, daß er nichts Neues daraus gelernt habe. Allein wir, die wir immer der Meinung bleiben werden, daß solche Wahrheiten, die allen und jeden vernünftigen Menschen nötig und wichtig zu wissen sind, auch so vorgetragen werden können und müssen, daß sie allen und jeden vernünftigen Menschen verständlich werden, wir wollen ihnen in jener Kunst nicht nachahmen, sondern uns bestreben, die Frage: *inwiefern die Beförderung eigner Glückseligkeit als ein erlaubter und edler Bewegungsgrund zu moralischen Handlungen angesehn werden könne,* so deutlich wie möglich auseinanderzusetzen und zu beantworten.

2. Um zu entwickeln, wie etwa der Mensch ohne Betrachtung der Wirkung seiner Handlungen auf die Verhältnisse, darin er sich befindet, handeln würde, wird es nicht unnütz sein, ihn uns ganz ohne jene Verhältnisse, isoliert, zu denken; also nicht den Menschen, der schon mit den Rechten, Vortei-

len und Verbindlichkeiten, welche ihm die bürgerliche Gesellschaft gewährt und auflegt, geboren wird, sondern den einzeln stehenden Naturmenschen. Und da fragt sich's dann: wie kann und wird dieser die Tugend kennen, lieben und ausüben?

3. Der Naturmensch hat mit den übrigen Tieren das gemein, daß er durch körperliche Anreizung, durch Gefühl, durch Instinkt zu gewissen Handlungen hingezogen wird. Er hat aber das vor andern lebendigen Geschöpfen voraus, daß die Vernunft ihn die Anwendung jenes Gefühls und Instinkts zu bestimmten sichern Zwecken lehrt und ihn determiniert, gewisse Handlungen aus gewissen Ursachen zu unternehmen, andre hingegen zu unterlassen.

4. Sein Gefühl treibt ihn ohne Ordnung und Gesetz zu allem, was ihm einen angenehmen Genuß der ihm bekannten Gegenstände in der Welt gewähren und zusichern kann. Höchstens lehrt ihn sein Instinkt durch Erfahrung, sich das Übermaß des Genusses zu versagen, überhaupt dasjenige nicht zu begehren, was ihm einmal unangenehme Empfindungen erweckt hat und also wieder erwecken kann. Auch zieht ihn sein Instinkt unwillkürlich hin zu andern lebenden und toten Gegenständen um ihn her, jedoch ohne deutliche Unterscheidung der Ursachen dieser Triebe. Seine Vernunft hingegen nützt diese Erfahrungen, ordnet sie und zieht daraus Vorschriften ab, die seinen Willen bestimmen und gewisse Entschlüsse für die Folge in ihm erzeugen.

5. Diese Entschlüsse nun können sich nicht weiter erstrekken als auf solche Fälle, über welche er wirklich Erfahrungen gemacht hat, und er kann nur Vorsätze fassen, die auf diejenigen Verhältnisse anwendbar sind, welche er kennt. Da ihn

nun seine eigne Existenz jeden Augenblick seines Lebens am mehrsten beschäftigt und ihm das Gefühl derselben am lebhaftesten und beständigsten gegenwärtig ist, so wird die erste Sorgfalt seiner Vernunft auf Erhaltung und Vervollkommnung seines Daseins gerichtet sein, und wenn er sich Gesetze und Pflichten vorschreibt, werden diese gewiß das Wohlbehagen seines eignen Ichs zum vornehmsten Augenmerke haben. In dem Maße aber, in dem seine Bedürfnisse, Erfahrungen und Verhältnisse sich vervielfältigen, entstehen bei ihm auch neue Überlegungen und Vorsätze, die ihn dann zum Handeln bestimmen, also neue Pflichten, die er sich auflegt. Je näher ihm dann das Interesse an irgendeinem Gegenstande liegt, desto wichtiger werden ihm die Motive sein, die ihn determinieren, in Rücksicht auf diesen Gegenstand so und nicht anders zu handeln. Je weiter entfernt hingegen, desto unwichtiger; Torheit würde es ihm sein, sich Pflichten in Verbindung mit Gegenständen aufzulegen, mit welchen er in gar keinen Verhältnissen steht.

6. Es gibt also nur ein von der Natur uns eingepflanztes allgemeines Gesetz, nämlich das: der Vernunft zu folgen. Die Anwendung hängt von den Erfahrungen und Verhältnissen ab. Wo diese gänzlich fehlen, da kann keine Idee von Entschlüssen, die darauf Bezug haben, stattfinden. Und so wie andre, neue Erfahrungen und Verhältnisse eintreten, müssen auch die Motive zu den Handlungen sich verändern.

7. Ohne Zweck handelt die Vernunft nicht, denn dadurch unterscheiden sich ja ihre Antriebe von denen, die der Instinkt und das dunkle Gefühl bewirken. Wo also keine Zwecke sich darstellen, da wird die Vernunft nicht zum Handeln bestimmt. Deswegen ist alles, was wir Tugend, Pflicht und Gesetz nennen, nur Resultat der Vernunft, gezogen aus der Überlegung

des Zwecks und der dadurch herbeizuführenden Folgen, die diese oder jene Handlung, wie die Erfahrung lehrt, hat und haben wird. Das heißt mit andern Worten: Ein vernünftiges Wesen wird nur solche Handlungen mit Überlegung begehn, die zu etwas nützen, irgendeine Art von Vorteil bringen. Je näher ihm, seiner Person, seinem eignen Ich, dieser Vorteil, dieser Nutzen liegt, desto einfacher und dringender sind die Bewegungsgründe, denselben zu befördern.

8. Hieraus folgt also, daß unsre jetzigen Begriffe von Tugend und Pflicht gar keine allgemeine, ewige, unwandelbare Wahrheiten, sondern nach den verschiedenen Erfahrungen und Verhältnissen auch verschieden sind und sein müssen, ja! daß dieselbe Handlung, unter andern Umständen, gut, gleichgültig oder sträflich sein und daß ein verständiges Wesen von gewissen Pflichten die erhabensten Begriffe haben, indes das andre sich gar keine Vorstellung davon machen kann und noch ein andres dasselbe, was jenem Pflicht scheint, für ein Verbrechen hält. Um davon ein paar Beispiele zu geben, so frage ich: ob wohl ein vernünftiges Geschöpf einen Begriff von der Tugend der Mäßigkeit haben würde, wenn ihn nicht die Erfahrung schon gelehrt hätte, welche nachteilige Folgen der unmäßige Genuß hat, wie doppelt schmackhaft uns das vorkommt, was wir eine Zeit lang entbehrt haben, und welche Freuden man fühlen kann, wenn man einen Teil seines Genusses aufgibt, um die Wünsche und Triebe andrer zu befriedigen? Es würde, behaupte ich, ohne diese Erfahrung gar keinen Begriff von der Tugend der Mäßigkeit haben, ja, die Mäßigkeit würde für ein solches Geschöpf keine Tugend sein; vielmehr müßte das erste Gesetz in dem Kodex seiner Pflichten also lauten: »Es ist der Vernunft und dem Gefühle gemäß, von allem, was man erlangen kann, so viel zu nehmen und zu genießen, als Appetit und Vermögen verstatten.« Man

frage ferner: was für reine Begriffe von der Heiligkeit eines rechtmäßigen Besitzes derjenige Mensch würde haben können, der nichts von Eigentum wüßte? – Gewiß gar keine! Und so ist es mit allen übrigen Tugenden beschaffen. Und wieviel Fälle gibt es nicht in der bürgerlichen Zusammenlebung, wo das, was unter andern Umständen für die erhabenste Tugend gelten würde, wegen der zu erwartenden schädlichen Folgen wirklich unverantwortliches Verbrechen wird!

9. Um nun noch einmal das Ganze zusammenzufassen, so gibt es keine reine, angeborne, allgemeine Begriffe von Tugend und Pflicht; der Mensch, wenn man ihn von allen äußern Verhältnissen frei betrachtet, kennt nur ein Gesetz, und das ist: die Gefühle und Triebe, welche ihn zum Handeln bewegen, durch die Vernunft zu gewissen Zwecken leiten zu lassen; bei diesen Zwecken nimmt die Vernunft auf die zu erwartenden Folgen Rücksicht, wobei ihm die Erfahrung zur Lehrmeisterin dient; und da diese Folgen nach der Verschiedenheit der Verhältnisse, darin er sich befindet, verschieden sind, so können auch seine Bewegungsgründe zum Handeln und die Gesetze, welche er sich dabei vorschreibt, nur nach diesen Verhältnissen beurteilt werden. Endlich, er handelt also der Vernunft gemäß, zweckmäßig, richtig, gut, tugendhaft und pflichtmäßig, wenn seine Handlungen die Harmonie in diesen Verhältnissen, das heißt, wenn sie seine Glückseligkeit als isoliertes Wesen und als Teil des Ganzen befördern.

10. Kindisch und von eingeschränkten Begriffen zeugend ist es daher, wenn man höhere Wesen, und sogar der Gottheit, Tugenden beimißt. Da wir die Verhältnisse der höhern Wesen nicht kennen, so können wir nicht nur nicht wissen, welche Zwecke ihre Vernunft zum Augenmerke haben muß, sondern

es ist uns auch gänzlich unbekannt, ob nicht andre Kräfte als die, welche wir Kräfte der Vernunft nennen, die höhern Wesen leiten.

11. Um nun moralisch gut, tugendhaft und pflichtmäßig, das heißt, um so zu handeln, daß der Mensch seine Glückseligkeit, als isoliertes Wesen und als Teil des Ganzen, befördert, wirken folglich drei Triebfedern: erstlich sein Gefühl oder Instinkt, wodurch er unwillkürlich zu gewissen Handlungen hingezogen wird; zweitens seine Vernunft, die dies Gefühl auf bestimmte Zwecke leitet und seinen Verhältnissen anpaßt, und drittens die Übereinkunft mit andern Menschen, die sich gegenseitig Vorschriften und Gesetze auferlegt haben, wozu endlich bei den mehrsten Völkern noch viertens religiöse Motive und Pflichten kommen, die aber so unendlich verschieden sind wie die Vorstellungen, welche man sich unter den verschiedenen Völkern von der Gottheit und den Verhältnissen der Menschen zu derselben macht. Jede dieser Triebfedern einzeln würde uns oft mißleiten, und nur eine wohlgeordnete Zusammenwirkung derselben kann die höchste Moralität bewirken. Daß der, welcher bloß seinen Gefühlen folgt, keinen Anspruch auf moralische Vollkommenheit machen könne, bedarf keines Beweises. Wer bloß die Vernunft zu Rate zieht, wird aber nicht weniger oft unmoralisch und egoistisch handeln; will er dann auch jedesmal die zu erwartenden nahen und fernen Folgen genau kalkulieren, so wird er oft den günstigen Augenblick zu guten Taten darüber verstreichen lassen. Sollen dagegen die sogenannten reinen Vernunftbegriffe von dem, was Pflicht und Tugend ist, uns bestimmen, so werden wir nie feste moralische Grundsätze haben, indem die Vorstellungsarten der Menschen sehr verschieden sind und auch die richtigsten Vorstellungsarten nicht auf jede Verhältnisse passen. Wer ferner bloß den Gesetzen der Übereinkunft folgt,

wird in unzähligen Fällen, wo die Ahndung der Gesellschaft ihn nicht erreichen kann oder nichts darüber vorgeschrieben ist, wie ein Bösewicht oder wie ein Pinsel handeln, oder ganz untätig bleiben. Endlich wer immer nur auf religiöse Hinsichten fortwirkt, verfällt leicht in Schwärmerei, in spekulativen Müßiggang und gar in Fanatismus und Intoleranz.

12. Wem ist es je mehr darum zu tun gewesen, reine, erhabene Moral zu lehren, als dem großen, göttlichen Stifter unsrer Religion, Jesu von Nazareth? Und welche Bewegungsgründe zur Tugend, welche Stufen in der Pflichterfüllung schreibt er den Menschen vor? Zuerst, weil er überzeugt ist, daß, um den schwachen, sinnlichen Sterblichen zu höherer Wirksamkeit und zu Aufopferungen naheliegender Privatvorteile zu bewegen, er eines stärkern Antriebes bedürfe als den, welcher bloß die Rücksicht auf Erhaltung der gesellschaftlichen Ordnung erzeugen kann, empfiehlt er Liebe Gottes über alles. Wir sollen vor allen andern die Gefühle der Liebe und Dankbarkeit gegen das höchste Wesen, gegen unsern ersten und vornehmsten Wohltäter, in unsern Herzen herrschen lassen, um ermuntert zu werden zur Nachstrebung höherer Vollkommenheit und um nicht zu vergessen, daß wir Teile des großen Ganzen sind, dessen Harmonie auch durch unsre tugendhaften Handlungen befördert wird. Dann folgt Liebe des Nächsten, Eifer für das Wohl der geselligen Bande. Und wie sollen wir unsern Nächsten, unsern Mitmenschen lieben? Wie uns selbst! das heißt: unser Betragen in Rücksicht andrer wird gewiß tadellos sein, wenn wir ihr Interesse uns so teuer sein lassen wie unser eignes. Denn was kann dem Menschen näher liegen als sein eignes Wohlsein, seine Erhaltung, sein eignes Ich, an das ihn jeder Atemzug erinnert? Die Beförderung dieser eignen Glückseligkeit schreibt Jesus dann auch als das kräftigste Motiv zu Erfüllung der Pflichten gegen andre

vor: »Handelt«, sagt er, »so gegen sie, wie Ihr wünscht, daß sie gegen Euch handeln sollen!«

13. Der Bewegungsgrund, gut zu handeln, um dadurch unsre eigne Glückseligkeit zu befördern, ist also so einfach, so natürlich, so dringend jedem Menschen eingepflanzt, daß es der gesunden, reinen Vernunft angemessen ist, ihn zur Richtschnur aller Handlungen zu machen. Man sieht aber bei genauerer Beleuchtung bald ein, daß diese eigne Glückseligkeit des fühlenden, denkenden und in Verbindung lebenden Wesens nur allein durch die genaueste Beobachtung aller moralischen Pflichten erlangt werden könne und daß, wenn jeder an der Hand der Vernunft nach diesem Bewegungsgrunde handelt, es um die Ordnung und Harmonie des Ganzen sehr gut stehn werde.

14. Zuerst ist es gleich einleuchtend, daß wenn jeder Mensch egoistisch nur die Pflichten gegen sich selbst ausüben, nur an seinen augenblicklichen Genuß ohne Rücksicht auf die entfernten Folgen denken, nur den Antrieben seines Gefühls Raum geben wollte und dann jeder andre nach ebendiesem Systeme handelte, das Leben der Menschen nebeneinander ein immerwährender Streit ihrer sich durchkreuzenden Wünsche und Begierden sein würde, und daß man also eigne Ruhe und Glückseligkeit nur durch gegenseitige, gleichmäßige Schonung, Nachgiebigkeit und Aufopferung erkaufen könne.

15. Es ist aber auch sehr natürlich, daß, je näher uns das eigne Interesse bei einer Handlung liegt, je leichter zu übersehn die Reihe der für uns zu erwartenden Folgen ist, auch der Antrieb zu dieser Handlung dringender sein werde. Deswegen ist nichts gewisser, als daß die Sorgfalt für unser Le-

ben, für unsre Gesundheit und unsern äußern Wohlstand in Kollisionsfällen, wenn wir bloß der Vernunft folgen, allen andern Rücksichten wird vorgehn müssen. Nächstdem wird uns die Sorgfalt für die Personen unsrer Familie; dann das Band, das uns an das Vaterland fesselt; hierauf das Wohl aller lebendigen Wesen; endlich der Zusammenhang des ganzen Weltgebäudes am Herzen liegen, und es würde töricht sein, von einem irdischen Wesen zu verlangen, daß ihm zum Beispiel die Wohlfahrt der Mondbürger ebenso wichtig sein sollte wie die Gesundheit seiner Kinder, und doch müßte, wenn wir alle Rücksicht auf individuelle Vorteile und Nützlichkeit aus unsern Bewegungsgründen verbannen wollten, uns die Harmonie der Sphären mehr interessieren als die Einigkeit in unsrer Familie, welches in der Theorie ganz erhaben klingen mag, in der Ausübung aber die Kräfte des sinnlichen Menschen überschreitet. Wir ziehen hieraus nun folgende Schlüsse: Erstlich: je entfernter dem Menschen das Interesse an einem Gegenstande von dem Einflusse auf seine eigne Glückseligkeit vorkommt, desto weniger wird ihn seine Vernunft zu moralischen Handlungen bestimmen, die auf diesen Gegenstand abzielen, und umgekehrt, je näher, desto lebhafter wird sie ihn dazu treiben. Zweitens: je einleuchtender ihm die Folgen, der Zweck und die Nützlichkeit einer Handlung scheinen, desto dringender werden die Bewegungsgründe seiner Vernunft sein, diese Handlung zu unternehmen. Je dunkler und ungewisser hingegen, desto weniger dringend. Drittens: je nützlicher eine Handlung in ihren Folgen für das Ganze wirklich ist, desto verdienstlicher ist sie in sich selbst, desto edler ihr Zweck. Viertens: eine Handlung, wobei gar keine Folge, gar kein Nutzen vorauszusehn ist, hat gar keinen moralischen Wert, die Vernunft kann kein denkendes Wesen dazu bestimmen, und es wäre Unsinn, Pflichten von der Art anzunehmen.

16. Bis hierher haben wir es nur mit den Bewegungsgründen der Vernunft zu tun gehabt; indessen ist schon vorhin gesagt worden, daß diese allein leicht zu einem der Gesellschaft schädlichen Egoismus verleiten könnte und daß der, welcher bei jedem Schritte nur allein ihre Gründe zu Rate ziehn und die sichern Folgen kalkulieren wollte, vielleicht manche sehr edle, große und nützliche Handlung unterlassen würde. Dafür nun aber, daß das nicht geschehe, hat die schaffende Natur gesorgt, indem sie dem Menschen die Anlage zu Gefühlen gegeben hat, die ihn unwillkürlich zum Wohlwollen gegen andre Wesen, zu rastloser Tätigkeit und zu solchen Handlungen treiben, wovon er seiner Vernunft keine Rechenschaft geben kann, die seinem eignen Interesse ganz entgegen zu sein scheinen, die ihm gar keinen sinnlichen Genuß gewähren und bei welchen er doch eine Freude, ein Behagen empfindet, das er sich nicht erklären kann. Allein weil doch auch selbst in diesen Fällen die Hoffnung eines höhern Genusses ihn treibt, dem gröbern sinnlichen zu entsagen, so scheint auch diese Art von moralischen Handlungen die Beförderung der eignen Glückseligkeit zum versteckten Motive zu haben. Um also den Menschen auch zu solchen Taten zu bewegen, bei welchen gänzliche Aufopferung des eignen Nutzens und Vergnügens zum Besten des Ganzen stattfindet, wird eine Überspannung, ein Enthusiasmus erfordert, zu welchem gleichfalls der Keim in der menschlichen Seele liegt, die große Taten gebiert, welche man aber nicht eigentlich in die Reihe moralischer Handlungen setzen darf, das heißt, in die Reihe solcher Handlungen, wozu uns die nüchterne, reine Vernunft die Motive eingibt. Endlich kommen dann noch zu diesem allen die religiösen Bewegungsgründe hinzu, nämlich die Aussicht in ein künftiges Leben, der Drang, sich das Wohlgefallen des vollkommensten Wesens zu erwerben, und die Hoffnung, in einem seligen Zustande nach dem Tode die Folgen und die Be-

lohnung solcher Taten einzuernten, die in dieser Welt für uns keine wohltätige Folgen haben können. Daß abermals auch hierbei die Beförderung der eignen Glückseligkeit, obgleich von höherer und reinerer Art, das Hauptmotiv sei, fällt in die Augen.

17. Ich habe vorhin gesagt und zu beweisen gesucht, daß bei allen Antrieben zu unsern Handlungen, auch zu solchen, wozu uns Sinnlichkeit, Instinkt und religiöses Gefühl hinziehen, die Vernunft unsre Leiterin und Regiererin sein müsse, wenn diese Handlungen moralisch gut ausfallen sollen, das heißt, daß die Rücksicht auf Zweck, Folge und Nützlichkeit zum Besten des Ganzen, insofern dies unser eigenes Wohl mit befördert, in Betracht kommen müsse. Nun aber könnte man einwenden: es gäbe Fälle, wo das eigne spezielle Interesse und Vergnügen dem Handelnden so nahe liegen, der entferntere, damit streitende Vorteil des Ganzen hingegen ihm unmöglich so dringend vorkommen könnte, wo er auch unbemerkt und ungeahndet von Seiten der bürgerlichen Gesellschaft eine Tat verüben könne, die seinen Wohlstand befördern, hingegen freilich der geselligen Zusammenlebung nachteilig sein müßte; und endlich, wenn er nun gar auf die Vorteile Verzicht tun wollte, die durch Unterlassung einer solchen Handlung zum Besten des Ganzen auf ihn zurückfiele, so würde ihn, in diesen Fällen, seine überlegende Vernunft bewegen, das entferntere Wohl des Ganzen dem nähern Privatvorteile aufzuopfern. Allein hierauf antworte ich erstlich: Es liegt ein philosophischer Widerspruch darin, behaupten zu wollen, ein einzelner Teil könne Vorteil davon haben, wenn das Ganze leidet, zu dem er gehört, und zweitens: Es steht gar nicht in der Willkür des in gesellschaftlicher Verbindung lebenden Menschen, die Vorteile abzuleugnen oder ihnen zu entsagen, die durch die Ordnung im Ganzen auf ihn zurückfallen, denn er

hat ja diese Vorteile von Jugend auf schon voraus genossen. Die Erziehung, die Pflege, die Sicherheit seiner Person und seines Eigentums, die ihm zu Teil geworden sind, bevor er selbst das Geringste dazu mitgewirkt hatte, haben ihn längst in Rückstand gesetzt und eine Schuld auf ihn geladen, die er nur dadurch abtragen kann, daß er wiederum so viel für andre tut, als andre schon für ihn getan haben.

18. Es ist jedoch freilich gewiß, daß der, welcher für diese Verpflichtungen keinen Sinn hat, den auch die Furcht vor der Strafe, welche die konventionellen Gesetze auf gewisse, der Gesellschaft schädliche Handlungen gelegt haben, nicht abhält, und endlich der, in dessen Herzen religiöse Gefühle unwirksam sind, daß ein solcher, trotz seiner Vernunft, unmoralisch handeln wird. Es ist ebenso gewiß, daß, wer unfähig ist, von einem gewissen Enthusiasmus für große, uneigennützige Taten beseelt zu werden, zu höhern Aufopferungen nicht fähig sein wird. Auch ist es nicht weniger ausgemacht, daß Fälle eintreten, zum Beispiel bei der Notwehr, bei Diebstahl aus drückendem Hunger, bei Notlügen u.dgl., wo das Gefühl der Selbsterhaltung auch den vernünftigsten, von der Heiligkeit seiner Pflichten überzeugten Menschen bewegen kann, eine Tat zu begehn, welche gegen die Regeln der Ordnung des Ganzen ist; allein was folgt hieraus? Was anders, als daß wir unvollkommne, sinnliche Geschöpfe sind?

19. Es ist aber leicht einzusehn, daß diese Unvollkommenheit der menschlichen Natur sich bei den Motiven zu moralischen Handlungen, die aus der Nützlichkeit derselben hergenommen sind, nicht mehr offenbaren werde als bei denen, die aus sogenannten reinen Begriffen von Tugend und Pflicht sind abgezogen worden. Im Gegenteil! wen weder Gewissenhaftigkeit noch Achtung für die bürgerlichen Gesetze, noch

religiöse Empfindungen bemeistern, der wird mir gradezu die Echtheit solcher reinen Begriffe abstreiten, und ich werde kein Mittel haben, ihn zu überzeugen; da hingegen aus der Nützlichkeit jeder Handlung *Argumenta ad hominem* hergenommen werden können, die sich demonstrieren lassen und nicht abzuleugnen sind. Man sieht also, daß dies ein weit sichrers, allgemeiner wirksames Prinzip, ein festeres System liefert als jenes spekulative, von der Verschiedenheit der Vorstellungsarten eines jeden abhängige und veränderliche Grundgebäude.

20. Man hat hie und da behauptet, der Grundsatz: daß man seine moralischen Handlungen nur nach solchen Motiven bestimmen müsse, die in allen Fällen als allgemeine Gesetze gelten könnten, könne wenigstens *theoretisch* zum Probiersteine jeder Handlung und jedes Bestrebens dienen, wenn er auch nicht immer praktisch auszuüben wäre. Allein das heißt nichts gesagt; denn wenn es solche Motive gibt, so müssen sie immer zur Richtschnur dienen und immer praktisch angewendet werden können. Allein noch einmal! es gibt dergleichen allgemeine Gesetze nicht, und von den Bewegungsgründen eines vernünftigen Wesens, dies oder jenes zu tun oder zu unterlassen, läßt sich die Rücksicht auf den Zweck, das heißt auf das, was durch dies Tun oder Lassen bewirkt werden soll, mit einem Worte! was es nütze oder schade, gar nicht trennen.

21. Daß aber die ausschließliche Befolgung allgemeiner Gesetze im *praktischen* Leben unendlichen Schaden stiften würde, ist leicht zu beweisen. Was würde aus der wirklichen Welt werden, wenn wir bei unsern Handlungen nie den Umständen nachgeben, jene nicht diesen anpassen wollten? Kann nicht in einer Staatsverfassung, in einem Himmelsstriche, in

einem Zeitalter etwas zu sagen oder zu tun, Verbrechen oder Torheit sein, was in einem andern Klima, unter andern Regierungen, zu andern Zeiten für Tugend und Weisheit nicht nur gilt, sondern auch dadurch wirklich Tugend und Weisheit wird, daß es am wirksamsten die Harmonie des Ganzen befördert? Ist es nicht der Klugheit gemäß und, um eine größere Summe des Guten zu bewirken, des tugendhaften Mannes würdig, gewisser Vorurteile zu schonen, gewisse kleine Übel zu dulden, denen man mit aller Kraft widerstehn müßte, wenn man nur nach allgemeingültigen Gesetzen handeln dürfte? Wie würde es um den Krieg, wie um die Politik – zwei unvermeidliche menschliche Übel – aussehn? Kurz! jenes sogenannte reine Moralprinzip ist durchaus nicht für diese Erde gemacht. Wenn wir hingegen den Zweck jeder Handlung, den Grad des Nutzens vor Augen haben, den sie bei Beförderung unsrer Glückseligkeit gewährt, welche zu suchen und zu finden wir von dem Schöpfer auf die Welt gesetzt sind und zu welcher die Mitwirkung zum Wohl unsrer Nebenmenschen und zur Harmonie des Ganzen notwendig mit erfordert wird, so handeln wir gewiß nach den reinsten moralischen Grundsätzen, für welche die menschliche Natur empfänglich ist. Das andere ist Überspannung, so wie die reine, uneigennützige Liebe zu Gott, welche einige Theologen dem Christen haben zur Pflicht machen wollen, da doch selbst der erhabene Stifter unsrer Religion die Bewegungsgründe zur Gottesliebe aus den Verhältnissen herleitet, in welchen wir zu dem höchsten Wesen als dem Vater, Wohltäter, Regierer, Richter und Vergelter stehen. Man nehme diese Verhältnisse weg, und der sinnliche Mensch wird nichts für das höchste Wesen empfinden können als kalte Bewunderung, Gefühl von weitem Abstande und von der Unmöglichkeit einer Annäherung. Man nehme von den Bewegungsgründen zur Tugend den Zweck, dadurch unsern Zustand vollkommner zu machen, hinweg, und wir werden gar keinen bestimmten Begriff damit verbinden; ja! selbst die innere Stimme unsers Gewissens muß, wenn sie uns richtig über das, was recht und unrecht ist, belehren soll, von der Vernunft geleitet werden, indem diese die Regelmäßigkeit einer Handlung nach dem Zwecke beurteilt, welcher, je nachdem er nützlich oder nicht nützlich ist, wohltätige oder schädliche Folgen vorausahnen läßt. Ließe sich's denken, daß eine Handlung gar keine Folgen haben könnte, so würde diese weder recht noch unrecht, also gleichgültig für die Moralität sein. Allein solche Handlungen gibt es, genau betrachtet, wohl gar nicht. Und das ist denn endlich der letzte Vorzug unsers Systems, daß es den Wert *aller* Handlungen nach den Graden ihrer Nützlichkeit bestimmen kann, da hingegen die so gepriesenen reinen Begriffe von Recht und Unrecht sich auf eine große Anzahl von Handlungen gar nicht anwenden, folglich den Wert derselben unbestimmt lassen.

22. Wie wenig fest und haltbar überhaupt die von den Philosophen der neuern Schule aufgestellten Grundsätze seien, davon hat mich noch kürzlich, so wie manche andre Stelle in ihres, übrigens sehr achtungswerten Lehrers Schriften, vorzüglich eine Anmerkung, die ich in einem seiner Werke finde, das den Titel führt: *Die Religion, innerhalb den Grenzen der bloßen Vernunft,* überzeugt. Hier, wo er sich bemüht, sein System so zu zerren, daß es auch über den Leisten der theologischen Orthodoxen passen, folglich auch der Lehre von der Erbsünde keinen Abbruch tun soll, sagt er: Es sei eine von den unvermeidlichen Einschränkungen des Menschen und seines praktischen Vernunftvermögens, sich bei allen Handlungen nach dem Erfolge davon umzusehn. Nun dann! wenn dies eine für ihn *unvermeidliche* Einschränkung ist, so scheint es doch wohl der Vernunft nicht gemäß, von ihm zu fordern, daß er nach Bewegungsgründen handeln solle, die gar keinen Be-

zug auf den Erfolg haben und die also für seinen eingeschränkten Geist zu hoch sind.

23. Und nun zum Schlusse dieses vielleicht manchem Leser zu trocken scheinenden Abschnittes noch einige Bemerkungen! Ich habe oben die Wirklichkeit angeborner, allen Menschen eingepflanzter *bestimmter* Begriffe von Tugend und Pflicht geleugnet. Es ist hingegen unwiderlegbar gewiß, daß in unsrer Natur ein lebhaftes Gefühl von Recht und Unrecht, das heißt: von dem, was der Vernunft gemäß und nicht gemäß ist, herrscht, welches jedoch erst durch die Verhältnisse und Lagen, in welche wir versetzt werden, eine deutliche und bestimmte Richtung bekommt. Es geschieht aber, durch eine sehr gewöhnliche Verwechselung von Ideen, daß wir diejenigen Eindrücke, welche wir durch Erziehung und nachherige Bildung erhalten haben, nachdem sie uns zur andern Natur geworden sind, für angeborne Begriffe halten. Daher der Irrtum derjenigen, welche, mit Verwerfung aller Rücksichten auf Erfolg und Nutzen, in dem Geiste und Herzen der Menschen die vollkommensten und wirksamsten reinen Motive zur moralischen Pflichterfüllung zu finden glauben. Diese Verwechselung findet nicht weniger bei andern Begriffen und Empfindungen statt. So hat, zum Beispiel, jeder Mensch ein angebornes Gefühl von Schönheit oder vielmehr einen natürlichen Sinn für den Unterschied zwischen schön und häßlich; allein gibt es darum eine von allen Menschen unter allen Himmelsstrichen anerkannte allgemeine Regel der Schönheit? Ist deswegen derselbe Gegenstand unter allen Umständen immer gleich schön oder häßlich? Gewiß nicht! Man rede aber von einer schönen menschlichen Gesichtsform, so wird dem an antike Profile gewöhnten Kunstkenner die Gestalt der griechischen Stirnen und Nasen, dem Neger aber wird ein ganz andres Ideal vor Augen schweben, und doch wird bei beiden

der Grundbegriff rein sein, nämlich abstrahiert von dem Wohlgefallen, das in ihm der Anblick des vollkommensten menschlichen Antlitzes (so wie er sich die Idee davon durch Gewohnheit von Jugend auf eingeprägt hat) erweckt. Ebenso ist es mit den Begriffen von Ordnung. Diese sind sehr relativ, obgleich das Gefühl für Ordnung und Symmetrie in jedem Menschen von Natur wohnt. Der Platz, den in einem Hause, in einem Zimmer, eine Sache vernünftigerweise einnehmen muß, würde in einem andern für dieselbe Sache äußerst unschicklich sein. Allein man rede von einem ordentlichen Manne, so werden sich an diese Hauptidee alle durch Gewohnheit hinzugekommene Nebenbegriffe anschließen, und jeder Anwesende wird sich, ohne es zu wollen, den ordentlichen Mann als einen solchen denken, der seine Geschäfte in eben der Reihe, wie er, verrichtet, seine Sachen nach eben der Weise, wie er, verwahrt. Wäre es nun aber vernünftig zu behaupten: Man müsse sein Hauswesen, seine Geschäfte, ohne Rücksicht auf Umstände und Folgen, immer nach solchen Regeln ordnen, die zu jeder Zeit als allgemeine Gesetze für alle Haushaltungen gelten könnten?

ZWEITER ABSCHNITT
VON DEM VERWERFLICHEN EIGENNUTZE

1. Es ist in dem vorigen Abschnitte bewiesen worden, daß von den Bewegungsgründen, nach welchen vernünftige Wesen sich zu moralischen Handlungen bestimmen und diese ordnen, sich die Rücksicht auf ihren Nutzen, auf die Beförderung ihrer eigenen Glückseligkeit nicht trennen läßt. Man soll, sagen die neuern Philosophen, die Tugend nur ihres innern Werts wegen lieben, suchen und ausüben. Wohl! Was gibt denn aber der Tugend diesen Wert? Der Nutzen, den sie stiftet. Und worin besteht denn dieser Nutzen? In der Beförderung des allgemeinen Wohls, des Wohls der Welt. Und was geht denn mich das Wohl der Welt an? Warum soll ich dazu mitwirken? *Weil ich ein Teil dieser Welt bin.* Das ist der Zirkel, durch welchen wir immer zu unserm eignen Ich wieder zurückkehren. – Die Beförderung unsrer eignen Glückseligkeit ist also der vernünftige Bewegungsgrund aller unsrer moralischen Handlungen.

2. Der Mensch kann aber nur ein scheinbares, unsichres, nicht dauerhaftes Glück genießen, wenn durch diesen Genuß die Harmonie des Ganzen leidet und gestört wird. Derjenige Mensch nun, welcher diese Rücksicht bei seinen Handlungen aus den Augen verliert und seinem scheinbaren Nutzen das Wohl des Ganzen aufopfert, handelt nach unmoralischen Grundsätzen, sträflich eigennützig, und von den verschiedenen Arten eines solchen Eigennutzes soll in diesem Abschnitte geredet werden.

3. Wollen nun diejenigen neuern Philosophen, mit deren Widerlegung wir uns vorhin beschäftigt haben, in ihrer my-

stischen Sprache nichts weiter sagen, als daß ein solcher Eigennutz nicht die Triebfeder tugendhafter Handlungen sein solle, so bedarf es wahrlich eines so großen Aufwandes von unverständlichen, dunkeln Worten nicht, um eine Wahrheit zu lehren, die von den Moralisten aller Zeitalter als unwiderleglich wahr ist anerkannt worden.

4. Der Sprachgebrauch berechtigt uns, dem unedlen Bewegungsgrunde, welcher so viel Menschen bewegt, das Wohl der gesellschaftlichen Verbindung ihrem sinnlichen Genusse, der Befriedigung ihrer unregelmäßigen Begierden aufzuopfern, den Namen Eigennutz zu geben. Wir haben aber schon bemerkt, daß der wahre, dauerhafte, *eigene Nutzen* eines einzelnen Mitglieds der Gesellschaft durch keine Handlung bewirkt werden könne, die schädliche Folgen für die Gesellschaft im Ganzen hat.

5. Man kann also mit Recht sagen, daß nur Mangel an Einsicht daran schuld sei, wenn die Menschen unmoralisch sind. Berechneten sie besser ihren eigenen Nutzen und die früh oder spät zu erwartenden nachteiligen Folgen, die für sie oder die Ihrigen jede Handlung nach sich zieht, welche die Harmonie im ganzen, auch nur auf die am unbedeutendsten scheinende Art, stört, so würden sie alle gut und folgerecht handeln. Dies ist ein sehr tröstender Gedanke. Jeder unmoralisch handelnde Mensch übertritt also aus eben dem Mangel an gehöriger Überlegung der Folgen das moralische Gesetz, aus welchem ein Verschwender sein Vermögen verpraßt, ohne zu bedenken, daß er sich an den Bettelstab bringen wird.

6. Lasset uns also es für Lästerung der menschlichen Natur halten, wenn manche Philosophen behaupten: es herrsche in uns von Natur ein böses Prinzip und, um mit ihren eignen

Worten zu reden, der Mensch habe, ungeachtet er sich des moralischen Gesetzes, als eines für ihn verbindlichen Gesetzes, bewußt sei, durch den Gebrauch seiner Freiheit den Entschluß gefaßt, von diesem Gesetze zu Gunsten der Selbstliebe abzuweichen. Nein! eigendieser niederschlagenden Überzeugung von der natürlichen Verderbtheit der Menschen, die notwendig jede Entwicklung des Keims zum Guten hindern muß, wollen und können wir nicht Raum geben. Das, was die Theologen die Erbsünde nennen, ist nichts anders als die Reizbarkeit, die Verführbarkeit des sinnlichen Menschen, gegen die aber seine Vernunft, obgleich oft vergebens, ankämpft. Sein besserer Genius zieht ihn gewiß öfter zu uneigennützigen guten Handlungen hin. Von Natur ist er wohlwollend und teilnehmend. Wen rühren nicht, wen erfüllen nicht mit Liebe zum Menschengeschlechte die Berichte einiger neuern Reisebeschreiber von den unkultivierten Völkern auf den Freundschafts-, den Sozietäts- und vorzüglich auf den Pelew-Inseln? Hier sieht man rohe Menschen, die wir Wilde nennen, ohne göttliche und menschliche Gesetze und ohne die Bildung, welche Erziehung, Wissenschaften und Künste geben, aus Instinkt nach den zartesten moralischen Grundsätzen handeln, die feinsten geselligen Tugenden ausüben und der Liebe, Freundschaft, Gastfreiheit und dem gemeinen Wohl Opfer aller Art bringen. Ein einziges solches Beispiel von uneigennützigem, natürlichem Tugendgefühle bei einem völlig unkultivierten Volke widerlegt alle Beweise, die man aus der Beschreibung einer Menge andrer, vielleicht durch spätere Einwirkungen verderbter Nationen hernehmen könnte.

7. Wie geht es denn aber zu, daß mit dem allen Menschen angebornen Gefühle des Wohlwollens und der Teilnahme an dem Schicksale seiner Mitgeschöpfe und mit den Gründen der Vernunft, die uns lehren, was wir als Teile des Ganzen der Ge-

sellschaft schuldig sind und ihr leisten müssen, wenn wir von andern gleiche Schonung und Hilfe erwarten wollen – wie geht es zu, daß wir mit dem allen dennoch grade bei denen Völkern, welche sich der höchsten intellektuellen und moralischen Kultur rühmen, den Eigennutz und Egoismus am wirksamsten sehen? Was ist daran Schuld? Nichts anders als eben diese Kultur, diese Verfeinerung, und überhaupt liegt der Grund in den unvermeidlichen Gebrechen unsrer bürgerlichen Verfassungen. Das ist das traurige Los der Menschen, daß über die Mittel, welche sie wählen, sich ihren Zustand auf Erden angenehmer zu machen, sie ihre ursprüngliche Bestimmung aus den Augen verlieren, daß über das Bestreben, die Vorteile der gesellschaftlichen Zusammenlebung in vollem Maße zu genießen, sie nach und nach sich von der Natur weit entfernen und daß durch zuviel Raffinement und Erkünsteln das reine, echte Gefühl verlorengeht. Indessen sollte es doch der höchste Triumph der Ausbildung des Verstandes sein, daß, wenn wir den Zirkel aller Erfahrungen durchgelaufen wären, wir auf veredelte und dauerhafte Art zu der Einfalt des natürlichen Zustandes zurückgeführt würden. Allein wird das nicht immer ein frommer Wunsch menschenfreundlicher Philosophen bleiben? In welchem Lande des Erdbodens hat noch je ein Volk diese Stufe der Ausbildung erreicht? Eine genaue Beobachtung lehrt uns leider! daß die bürgerlichen Verhältnisse, statt daß sie neue Bande sein sollten, um die Menschen mit Liebe und Eintracht zu gemeinschaftlichen Zwecken aneinander zu knüpfen, uns vielmehr isolieren, uns in einen Zustand von gegenseitiger Verteidigung versetzen, den aufgereizten Leidenschaften neuen Spielraum und den erweckten Kräften Nahrung und Gelegenheit zum Kampfe gegeneinander geben. Mit der Kultur vervielfältigen sich die Mittel, Bedürfnisse zu befriedigen, aber auch die Bedürfnisse selbst; der Luxus mit dem fürchterlichen Gefolge der verderbten Sitten nimmt die Oberhand; in diesem Strudel von Verwirrung hat dann jeder einzelne genug zu tun, wenn er von alledem, wonach alle greifen, für sich und höchstens noch für die, welche seinem Herzen am nächsten sind, soviel erhaschen kann, als er braucht. Und jeder braucht viel, glaubt wenigstens, viel zu bedürfen, wird fast unvermeidlich abhängig von der öffentlichen Meinung, von der Mode, muß viel tun des Scheins wegen und um nicht für einen Sonderling zu gelten. So widmet er dann dem Eigennutze seine ganze Anstrengung und seine Aufmerksamkeit, wird abgelenkt von der großen Hinsicht auf das allgemeine Wohl, das ihn nur beschäftigt, wenn es mit seinem Privatvorteile bestehn kann oder dieser dadurch befördert wird, wenn er dabei für sich äußere Ehre, Ruhm oder Gewinn von andrer Art in der Entfernung erblickt. Dies sei aus Menschenliebe, nicht zu Verteidigung jenes Lasters, aber zu Milderung dessen angeführt, was ich über den täglich mehr einreißenden Eigennutz und über Schwindung des Gemeingeistes gesagt habe und noch werde sagen müssen.

8. Doch noch ist das Gefühl der Teilnahme an fremder Glückseligkeit, an dem Wohl der bürgerlichen Gesellschaft und an allem, was die Menschheit im allgemeinen betrifft, nicht aus den Herzen der Bewohner kultivierter Länder verschwunden. Wir finden die Spuren dieser edeln Empfindungen in kleinen Staaten, wo noch Einfalt und Reinigkeit der Sitten herrschen; in Ländern, wo Reichtum und Luxus die Menschen noch nicht verderbt haben; wo sie, in beständiger Arbeitsamkeit und Anstrengung fortlebend, sich gegenseitig beistehn müssen, um gegen rauhe Elemente und die Unfruchtbarkeit des Bodens anzukämpfen, wo sie daher fühlen lernen, wie nötig ein Mensch des andern Hilfe bedarf, wo durch Gebirgsketten, unbequeme Straßen oder Meere von andern Ländern abgesondert, kein großer Verkehr mit Auslän-

dern die Einwohner mit fremden Lastern, mit dem Wucher des Handels, mit den Betrügereien reisender Abenteurer bekannt, sie nicht mißtrauisch und für die Gastfreundschaft nicht unempfindlich macht. Wir finden noch echten Gemeingeist in kleinern Republiken, wo jeder Bürger Anteil an der Regierung hat, sich unmittelbar mit dem Interesse des Staats beschäftigen und alles, was zum gemeinen Wohl gewirkt wird, mit als sein Werk ansehn darf. Da sehen wir ihn dann willig die größten Opfer bringen und seinen Eigennutz vergessen. Auch da, wo, bei einer monarchischen Verfassung, eine wahrhaftig väterliche, milde Regierung die Völker beglückt und die Nation in ihrem Fürsten nur den Wohltäter und Versorger sieht, tut jeder gern auf sein kleineres Interesse Verzicht, um das größere allgemeine Wohl zu befördern. Endlich pflegen öffentliche Kalamitäten, Gefahr, die von außen her droht, auch die verderbtesten Völker, wenigstens auf eine Zeitlang, zu bewegen, allen Eigennutz beiseite zu setzen und zu gemeinschaftlicher Rettung und Hilfe beizutragen, soviel jeder vermag. Ja! wo alle diese Fälle nicht eintreten und die Menschen nur ihrem eignen Vorteile nachzujagen scheinen, erblickt dennoch der feinere Beobachter Spuren des angebornen Gefühls für Recht und Unrecht, des Wohlwollens und der Teilnahme an fremden Leiden und Freuden. Wer hat nicht schon bemerkt, wie geneigt selbst der weniger ausgebildete große Haufen ist, die Partei jedes Schwächern gegen den Stärkern, jedes von Glück und Schutz ganz Verlassenen, Unterdrückten, Verfolgten zu nehmen? Ein Mann, der lange Zeit hindurch der Gegenstand des Neides, der Mißgunst und des allgemeinen Hasses gewesen ist, braucht nur von seiner Höhe herabzustürzen und grenzenlos elend zu werden, um nun selbst unter seinen ehemaligen Feinden und Verfolgern Verteidiger zu finden und Teilnahme zu erregen. Und darin besteht die höllische Kunst schlauer Bösewichter, daß sie ihre

Feinde nie gänzlich zu Boden stürzen, weil sie bei ihrer studierten Rache wohl wissen, daß der Unglückliche dann ein Gegenstand des allgemeinen Mitleidens wird. Allein freilich, wenn sich auch noch einige Hoffnung zeigt, daß der beneidete, jetzt gestürzte Große wieder emporkommen und über andre sich wird erheben können, scheitert die Gerechtigkeit an dem Eigennutze, und jeder trägt das Seinige dazu bei, den Unglücklichen auf einer gewissen Stufe, wo er ihm nicht im Wege steht, niederzuhalten.

9. Es ist dem, welcher auf die feinern Charakterzüge aufmerksam ist, die geheimen Schliche der Herzen belauert, da, wo die Menschen am wenigsten beobachtet zu werden glauben, seine Bemerkungen anstellt und aus kleinen Zügen oft große Erfahrungen abzieht, einem solchen, sage ich, ist es ein wohltätiges Gefühl, wenn er noch Leute antrifft, in denen der Trieb, ohne spezielle Rücksicht auf eignen Nutzen und Genuß, für andre zu wirken, zur Natur geworden ist und sich bei den unbedeutendsten Vorfällen offenbart. Ich wandle auf einem Spaziergange hinter einem Manne her und bemerke, daß er sorgfältig, wenn er im Fortschreiten irgendeine Glasscherbe, einen Stein, einen Dornzweig oder irgendeinen andern Gegenstand bemerkt, der dem nach ihm Kommenden hinderlich oder gefährlich werden könnte, es mit seinem Stocke wegräumt. Ich erkundige mich genauer nach dem Manne und erfahre, daß er ein wohltätiger Menschenfreund ist, der auf seine Kosten arme Kinder erziehn, Wege ausbessern, Bäume pflanzen läßt, unter deren Schatten die Nachkommen ruhn können. So findet man Personen, die fremdes Eigentum wie ihr eignes bewachen, wo sie etwas der Gefahr, verloren zu werden, ausgesetzt sehen, es in Sicherheit bringen, das Zerbrochene ungebeten und unbemerkt herstellen. Und mich dünkt, das Gefühl, welches uns treibt, auch da

Sorgfalt zu verwenden, wo wir für uns keinen weitern Nutzen davon haben, als daß dadurch gegenseitige Gefälligkeit und Dienstleistung unterhalten wird, sei ganz natürlich und jedem gutgearteten Menschen mechanisch. Ich stehe früh des Morgens vor dem offnen Fenster; die Nachbarin mir gegenüber tritt aus ihrer Tür und hat ein kupfernes Milchgefäß in der Hand. Im Begriff, damit auszugehn, fällt ihr ein, daß sie noch etwas vergessen hat; sie stellt also das Gefäß auf die Bank vor die Tür und geht in das Haus zurück. Sie scheint einen Augenblick zu wanken, ob sie es wagen dürfe, es da stehnzulassen. Noch ist eben niemand auf der Gasse zu sehn; auch erblickt sie mich am Fenster, nickt mir einen guten Morgen zu, wirft noch einen Blick auf die Bank hin, einen andern die Gasse hinauf und geht dann zuversichtlich fort. Ich übersetze diese Blicke in Gedanken. Sie bedeuten: »Der ehrliche Nachbar da gegenüber wird schon einen Augenblick auf den Topf Achtung geben«; und nun fühle ich in mir eine Verpflichtung, nicht eher das Fenster zu verlassen, als bis sie wieder aus dem Hause kommt. Sie erscheint endlich, dankt mir durch eine freundliche Verneigung, und ich trete zurück. Wir haben uns nie gesprochen, aber der Beruf zu gegenseitiger Hilfsleistung, den jeder gutgeartete Mensch in sich fühlt, bringt diesen und ähnliche Verträge, ohne Wortwechsel und persönliche Bekanntschaft, in einem Augenblick zustande. Wer bei dieser Gelegenheit über die Schilderung eines so unbedeutenden Vorfalls die Achseln zucken könnte, der würde beweisen, wie unbekannt ihm die sehr wichtige Wahrheit ist, daß die menschliche Natur sich in solchen kleinen Zügen deutlicher und sichrer offenbart und verrät als in großen Haupt- und Staatsaktionen, wo jedermann mit Rücksicht auf den äußern Ruf und auf die ihn beobachtende Menge handelt.

10. Leider! aber ist bei den meisten Menschen dies Gefühl

von wahrer Teilnahme an dem Schicksale andrer und an dem allgemeinen Wohl durch Eigennutz und Egoismus erstickt. Sie leben nur für sich, denken nur an ihr eignes, höchstens an ihrer Weiber und Kinder Wohlbehagen. Zwar kramen sie häufig Versicherungen des Mitleidens, Versprechungen von Dienstleistungen zum Prunk aus, prahlen mit ihrem Eifer für das Glück des Vaterlandes und der Menschheit; wo es aber auch nur auf geringe Verleugnungen, auf kleine Aufopferungen ankommt; wo an keine Art von Wucher mit dem, was sie hingeben sollen, in der Entfernung zu denken ist und nun vollends in Kollisionsfällen, ja! da finden sich unzählige Bedenklichkeiten, Gewissenszweifel, Einwendungen. Wie oft wird der getäuscht, der auf die Versprechungen solcher Menschen bauet! Sie sind zu faul, um nur einmal einen Brief zu schreiben, der eines ehrlichen Mannes Glück befördern könnte. Sie hören die Erzählungen fremder Schmerzen und Leiden mit allen Zeichen einer solchen Teilnahme, wie sie die feine Lebensart erfordert, an; aber, man rechne nur nicht auf diese höflichen Herren! Kaum wendet man den Rücken, so haben sie unser Schicksal rein vergessen.

11. Nichts aber bieten die Leute lieber an und geben es lieber, als was sie entweder nicht haben oder nicht achten; der Verschwender Geld, der Schwachkopf guten Rat.

12. Wie wenig Wohltäter findet man, die nicht auf irgendeinen Ersatz rechneten, wäre es auch nur auf Dank, auf die Ehre, der guten Tat wegen gerühmt, dadurch für einen großmütigen Mann bekannt zu werden, und wenn es auch nicht gerade auf eitel Lob und Ruhm angesehn ist, wenigstens darauf, ein Herz mehr zu gewinnen, welches dann noch wohl der verzeihlichste Eigennutz ist! Aber solcher Männer, die aus wahrem innere Berufe, Gutes zu wirken, um die höhere Be-

stimmung der Menschheit zu erfüllen, auch da wohltätig und teilnehmend handeln, wo sie von niemand beobachtet werden, wo keine Hoffnung einer äußern Belohnung und Erwiderung stattfindet, wo sie, bei den größten Aufopferungen, dennoch gewiß sein können, verkannt, gehaßt, verlästert, mit Undank belohnt zu werden, wo also nur die Überzeugung von der Zweckmäßigkeit und Nützlichkeit der Handlung der Preis ist – solcher Männer gibt es wenige.

13. Und deswegen haben denn auch so wenig Menschen Sinn für den Wert eines großen, edlen, uneigennützigen, für Menschenwohl warmen Herzens; deswegen trauen sie ihren Mitbrüdern so gern versteckte Nebenabsichten zu. Du nimmst dich eines armen jungen Mädchens an. – Man flüstert sich in das Ohr: »Ei nun! er wird sich schon bezahlt zu machen wissen; das Mädchen ist hübsch; der Mann hat Geschmack.« Du sorgst für die Erziehung eines verwaiseten Knaben – »Sieh einmal!« heißt es, »der Junge ist ihm wie aus den Augen geschnitten. Er sollte nur kein Geheimnis daraus machen, daß es sein Sohn ist.« Und wo sich gar kein Mittel findet, Verdacht gegen die Bewegungsgründe zu einer Handlung zu erregen, da setzt man den Wert der Tat selbst herab, sucht, zu verhindern oder wenigstens nicht so eifrig zu befördern, daß sie bekannt werde, als man geneigt ist, ein böses Gerücht auszubreiten. Das ist freilich eine schon oft gemachte Bemerkung; aber sie gehört hierher, denn ihre Quelle ist der Eigennutz; man glaubt sich zu erheben in dem Verhältnisse, in dem man andre erniedrigt, und glaubt zu verlieren durch das, was andre an öffentlicher Achtung gewinnen.

14. Auf die unverantwortlichste Weise wird aber auch von nicht fein denkenden und von schlecht gesinnten Leuten das Zutrauen, die Gutmütigkeit und die Dienstfertigkeit uneigen-

nütziger und solcher Menschen, die weniger achtsam auf ihren Vorteil sind, gemißbraucht. Wie oft man, besonders in den Jahren, wo man den Wert des Geldes nicht zu schätzen weiß, betrogen wird, davon werden wohl die meisten meiner Leser in ihrem Leben selbst Erfahrungen gemacht haben; allein auch nachher, bei reiferer Vernunft, wird man nur gar zu oft mit einem teilnehmenden Herzen das Opfer der Zudringlichkeit und der unersättlichen Forderungen solcher selbstsüchtigen Leute. Da wälzt gern jeder Arbeit, Sorgen, Unannehmlichkeiten und Verantwortung auf den, der freundlichen Bitten nicht widerstehn kann. Da wird das Haus dessen, dem man Wohltätigkeit zutrauet, nicht leer von nichtswürdigen Bettlern und Abenteurern. Da wird der Mann, der sich gern zum Besten andrer verwendet und gern Gefälligkeiten erweist, mit Aufträgen, Bitten um Empfehlungen und Anliegen aller Art bestürmt. Da machen Faulenzer, Tagediebe, Schmarotzer und Leute, die von Langerweile geplagt werden, das Haus des geselligen, gastfreien und duldenden Mannes zu ihrem Sammelplatze. Mit einem Worte! Es braucht nur bekannt zu sein, daß du ein menschenfreundlicher, ohne Eigennutz zu Rat und Tat bereitwilliger Mann bist, so macht alles Jagd auf dich und legt Beschlag auf dein Vermögen, auf deine körperlichen und geistigen Kräfte und auf deine edle Zeit. Und wenn man nun also unzähligemal ist angeführt und gemißbraucht worden, ist es dann dem verständigen Manne zu verargen, wenn er kälter, zurückhaltender wird, wenn er erst Überlegungen und Untersuchungen anstellt, bevor er sich hingibt, aufopfert, und wenn er endlich auch einmal verlangt, daß andre etwas für ihn tun sollen, nachdem er lange genug nur für andre gelebt hat?

15. Allein die mehrsten Menschen handeln, oft ohne es sich selbst bewußt zu sein, so, als dürften sie sich für den Mittel-

punkt der ganzen Schöpfung ansehn, als sei alles außer ihnen nur ihretwegen da. Dies offenbart sich in ihren unbedeutendsten Reden und Handlungen. Sie sprechen nur von sich, von ihren Schicksalen, Geschäften und Vorsätzen. Was aber andre Leute angeht, das hören sie bei weitem nicht mit der Teilnahme und Gefälligkeit an, die sie für *ihr* Interesse fordern. Im Umgange wollen sie immer nur genießen, stets nehmen, nie geben. Man hört sie leicht über Langeweile klagen, indes sie selten darauf Rücksicht nehmen, ob sie auch wohl uns Langeweile machen. Wo sie nicht Unterhaltung genug finden, da gehen sie fort oder werden böser Laune; aber wo es ihnen gefällt, da bleiben sie, unbekümmert, ob sie auch etwas zur Unterhaltung und Belehrung andrer beitragen. Wo es ihren Nutzen oder ihr Vergnügen gilt, da sollen wir ihnen unsre Grundsätze und unsre Ruhe aufopfern. Fällt es ihnen ein, bei nächtlicher Zeit zu tanzen, zu singen, zu toben, so ist es ihre geringste Sorge, ob irgendein schwächlicher, nach Ruhe sich sehnender Mann darüber im Schlafe gestört wird oder nicht. Fehlt ihnen die vierte Person zum Spiele, so fordern sie dich mit Ungestüm dazu auf, wenngleich sie wissen, daß du höchst ungern und unglücklich spielst. Haben sie Lust, eine Torheit zu begehn, die ihnen von ihren Mitbürgern verdacht werden könnte, wenn sie allein sie trieben, so wollen sie irgendein andres männliches oder weibliches Geschöpf, das bei dem Publikum in Achtung steht, zwingen, auf Unkosten seines Vergnügens, seines Rufs und seines sittlichen Gefühls an dieser Ausschweifung teilzunehmen oder gar die Verantwortung davon zu tragen. Und weigert man sich, aus Rücksicht höherer Pflichten, so verschreien sie uns als einen eigensinnigen, wunderlichen, harten Mann, der andern Leuten kein Vergnügen gönne. Auch *die* Gerechtigkeit kann man von manchen Personen nicht erhalten, daß sie uns erlauben, unsern Weg ruhig neben ihnen hinzugehn, ohne uns um den ihrigen zu bekümmern; nein! wenn es in ihren Kram paßt, sollen wir durchaus mit ihnen durch dick und dünn wandeln. Wenn man ihnen nichts Böses, vielmehr, wo es die Gelegenheit fügt, alles Gute erweist, übrigens aber in keinen genauen Verhältnissen mit ihnen stehn mag, ist ihnen doch das nicht genug. Sie wollen uns ausschließlich alles sein; wir sollen an allen ihren Narrheiten und Ungehörigkeiten teilnehmen, für sie und mit ihnen leben und weben. Wir sollen sie liebenswürdig, angenehm, schön, unterhaltend finden, wenn sie auf alle Weise zurückstoßend sind. Sie würden es uns eher verzeihen, daß wir sie haßten, verfolgten und Böses von ihnen redeten, als wenn sie uns gleichgültig, wenn sie uns nichts sind, wenn wir ihnen ausweichen.

16. Leider! verwebt sich auch nur gar zu oft ein grober oder feinerer Eigennutz in das heilige Band der Freundschaft. Wie selten findest du einen Freund, der dich bloß deines innern Werts wegen liebte, der ohne alle andre Rücksichten, unter allen Umständen, bei allen vorteilhaften oder widrigen Schicksalen und Verhältnissen, in welche du ohne deine Schuld geraten könntest, dir gleich warm, treu und eifrig zugetan bliebe; der nicht wenigstens eine Art von Ansehn oder Übergewicht über dich nähme, wenn er dich durch äußere Umstände niedergedrückt sieht; der dir öffentlich, wie in geheim, Gerechtigkeit widerfahren ließe und deinen Wert nicht mißkennte, wenn Vorfälle, die du nicht voraussehn konntest, dich in Verlegenheiten stürzen, oder der nicht dann irgendeine sehr verzeihliche, von dir begangene kleine Unvorsichtigkeit dir wie ein wirkliches Verbrechen anrechnete, um Gelegenheit zu haben, die Schuld auf dich zu schieben und von dir zurückzutreten! Wo findest du einen Freund, der immer unbestechbar bereit wäre, dir die Wahrheit zu sagen, dir treuen Rat zu geben, dich zu tadeln, wo du Tadel verdienst, nicht um sich

über dich zu erheben, dich zu demütigen, sondern aus echtem Pflichtgefühle und aus Hochschätzung, und das ohne Bitterkeit, nicht mehr und nicht weniger, nicht freimütiger, nicht feiner und nicht schonender, ob du eine große Rolle im Publikum spielst oder verkannt und gedrückt wirst? Wo findest du einen Freund, der fähig wäre, auch solche Eigenschaften an dir zu loben, zu würdigen und hervorzuziehn, worin du ihn vielleicht übertriffst, verdunkelst; einen Freund, der gegenseitig auch solche Wahrheiten, die seine Eitelkeit kränken, willig und dankbar und mit dem Vorsatze, sich zu bessern, von dir annähme; dessen Herz sich dir nicht von dem entführen ließe, der williger als du seinen Leidenschaften huldigt und seine Ohren durch Schmeicheleien kitzelt; endlich einen Freund, der nicht aus eigennütziger Eifersucht von dir forderte, daß du ihn allen andern vorziehn, ausschließlich ihm anhängen und ihm diesen Vorzug öffentlich vor der Welt bezeugen solltest? Wohl dir, wenn du einen solchen Freund gefunden hast! Du kannst ihn nie genug in Ehren halten. Aber rechne auch nicht zu fest darauf, mache es nicht zu einem unentbehrlichen Bedürfnisse deines Herzens, den Mann zu finden und keinen andern für deinen Freund zu halten als den, der alle diese Proben besteht! Du möchtest sonst aus der Welt gehn, ohne das Glück der Freundschaft geschmeckt zu haben. Vergiß nicht, daß wir alle schwache Menschen, mehr oder weniger abhängig von unsern Leidenschaften, Bedürfnissen, Vorurteilen und von der Meinung des großen Haufens sind! Es ist schon oft gesagt worden, daß diejenigen Freundschaften die wärmsten, uneigennützigsten und nicht selten die dauerhaftesten zu sein pflegen, die in den sorgenfreien Jahren der Jugend geschlossen werden. Das ist ganz wahr; in diesem glücklichen Alter fällt eine Menge von Rücksichten weg, welche unsre nachherige Verknüpfung mit der bürgerlichen Gesellschaft uns ohne Unterlaß vor Augen stellt. Die Leidenschaften des Jünglings und der Hang zu sinnlichen Freuden aller Art kommen durch ihr Interesse seltener mit der Freundschaft in Zusammenstoß (Kollision) als die des männlichen Alters, Ehrgeiz und Erwerbsucht – die Eitelkeit liegt wohl in beiden Waagschalen gleich schwer – aber der Jüngling ist auch offner, unbefangner, zuversichtlicher zu sich selber und zu andern, wärmer, mitteilender und nachsichtiger; der Mann verschlossener, mißtrauischer, ungläubiger, strenger in seinen Forderungen, sich selbst mehr genug. So knüpft dann mehrenteils nur das, was man Sympathie nennt, unter jungen Leuten das Band der Freundschaft. Was ist aber, genau betrachtet, diese Sympathie anders als ein egoistisches, mithin eigennütziges Gefühl? Wir werden wohlwollend hingezogen zu einem Geschöpfe, das uns an Eigenschaften ähnlich ist, nicht selten nur einerlei Fehler mit uns gemein hat, und lieben also eigentlich uns selbst in andern. – Doch so genau darf man das feine Gewebe der menschlichen Neigungen und Triebe nicht auseinanderwikkeln, wenn man nicht allen Wert, auch der edelsten Gefühle des Herzens, wegraisonnieren will.

17. Soviel ist indessen gewiß, daß die Menschen selten diejenigen unter ihren Brüdern eigentlich lieben, von denen ihnen ihr Herz sagt, daß sie in sittlichem und geistigem Werte oder in äußern vorteilhaften Verhältnissen ihnen sehr überlegen sind, weit über ihnen stehen. Können sie dem größern Manne die Bewunderung nicht versagen, so verträgt sich doch nicht so leicht reines Wohlwollen, wahre Zuneigung mit der Anerkennung einer mehrenteils drückenden, die Eitelkeit kränkenden Erhabenheit. Was ist es also anders als versteckter Eigennutz, was den Haufen der Alltagsmenschen bewegt, sich zu Männern von hervorstechenden Talenten, von ausgebreitetem Rufe oder von großem Gewichte in der bürgerlichen Welt herzudrängen? Sie glauben sich selber ein Gewicht zu geben,

wenn sie sich der Bekanntschaft, des Umgangs oder gar der Freundschaft solcher Personen rühmen dürfen oder wenn sie es bemerklich machen können, daß sie freien Zutritt zu ihnen haben. Dieselben Menschen aber werden einem andern wahrhaftig großen Manne, von dessen hohem Werte sie ebenso überzeugt sind, dennoch nicht soviel Anhänglichkeit beweisen, wenigstens nicht öffentlich vor der Welt, sobald dieser Mann den allgemeinen Ruf noch nicht gewonnen hat oder etwa gar von seinen Mitbürgern, vielleicht von seinem ganzen Zeitalter, verkannt wird. Vielmehr werden sie sich dann bemühn, ihn nicht aufkommen zu lassen, damit er sich nicht einst über sie erhebe, sie verdunkle. Es ist den meisten Leuten unerträglich, andre wegen Eigenschaften rühmen zu hören, die sie selbst nicht zu besitzen sich bewußt sind. Es gibt ganze Länder, wo jeder Schriftsteller ausgezeichnet zurückgedrängt wird, weil der Neid der am Ruder sitzenden Geschäftsmänner es nicht vertragen kann, daß ein solcher ohne ihre Hilfe emporkommt und sich etwa gar auswärts größere Achtung als sie erwirbt. Sie suchen dann das Vorurteil zu unterhalten, daß ein eigentlicher Gelehrter fast immer ungeschickt zu praktischen Arbeiten sei, damit sie mit ihrem auswendig gelernten Krame und ein bißchen Geschäftsroutine sich für die einzigen nützlichen und brauchbaren Mitglieder der bürgerlichen Gesellschaft mögen geltend machen. Wenn doch die Menschen endlich einmal diese egoistische Verblendung ablegen und einsehn lernen wollten, daß jeder, der in seinem Fache etwas Vorzügliches leistet, achtungswert ist, gleichviel auf welche Weise er der Welt nützlich wird, wenn er ihr nur nützlich wird! Das Verdienst des redlichen Geschäftsmannes ist gewiß sehr groß, obgleich nicht immer ebenso glänzend wie das des Schriftstellers, und zu einem geschickten praktischen Staatsdiener werden unstreitig manche wichtige, nur mit der größten Anstrengung, Übung und mit vielfacher Aufopferung zu erlangende

Kenntnisse erfordert. Unwahr ist aber es von der andern Seite (obgleich dies zuweilen, und selbst *oft* der Fall sein mag), daß ein jeder sogenannter Literator unfähig sein sollte, sich diese einem Geschäftsmanne nötigen Fertigkeiten zu erwerben. Es hat vielmehr von jeher in allen Ländern Männer gegeben, die zugleich auf beiden Wegen sich ein großes Verdienst erworben haben. Und was den Nutzen betrifft, den beide stiften, so läßt sich derselbe sowenig wie die Folgen irgendeiner Art von Anwendung seiner Kräfte berechnen. Lasset uns daher doch Eigennutz und Eitelkeit bei Seite setzen, kein Talent, keinen sonst edlen Gebrauch der Zeit geringschätzen! Lasset uns das oft sehr zweideutige Glück eines großen Namens niemanden beneiden! Das innere Bewußtsein, in der Stille, vom Volke ungelobt und unbemerkt, Gutes zu wirken, ist wohl ebensoviel wert. Lasset uns endlich das wahre Verdienst, wo und wie wir es auch antreffen, würdigen und hervorziehn, um, wo möglich, dadurch die Schwächern zur Nacheiferung zu erwecken, nicht aber für uns Vorteil noch Erhebung darin suchen, daß wir andre unterdrücken!

18. Die mehrsten Menschen, welche verkannte, unterdrückte Talente an das Licht zu bringen, junge Genien mit Geldsummen und Empfehlungen zu unterstützen und den Gelehrten vorzügliche Achtung zu beweisen sich angelegen sein lassen, möchten uns gern glauben machen, dies alles geschähe aus uneigennützigem Eifer für Wissenschaften und Künste; allein nicht immer ist das der Fall. Man will selbst für einen Mann von Kenntnissen, Talenten und feiner Beurteilung gelten; man möchte gern als ein solcher und als ein großmütiger Beförderer der Gelehrsamkeit und Aufklärung ausposaunt werden; man erwartet vielleicht von demjenigen, den man, wie es gewöhnlich heißt, aus dem Staube hervorgezogen hat, gewisse unentgeltliche und verschwiegene Dienste; er soll etwas

durchsehn, verbessern oder selbst ausarbeiten, das man nachher für eignes Machwerk ausgeben will. Nun! laß immerhin kleine Nebenabsichten bei solchen Mäzenatenschaften mit unterlaufen – wenn nur das Gute geschieht, Fleiß und Talente ermuntert werden!

19. Auf die häufigen Besuche, welche reisende Liebhaber der Wissenschaften bei bekannten, durch ihre Schriften berühmt gewordenen Männern ablegen, haben diese auch eben nicht Ursache, stolz zu werden. Die mehrsten solcher Leute kommen bloß als neugierige Gaffer und um hernach sagen zu dürfen, sie kennten diesen und jenen großen Gelehrten recht gut. Oft erkundigen sie sich erst in der Stunde vor dem Besuche, was der Mann eigentlich geschrieben habe, um doch nötigenfalls von seinen Werken mit ihm reden zu können. Andre kommen mit einer Sammlung von Schmeicheleien und Lobpreisungen, die sie für ähnliche Ware bei ihm mit Wucher umzusetzen hoffen, welche Bewandtnis es auch mehrenteils mit den zahllosen Briefen hat, womit man Leute von einigem Rufe in der gelehrten Welt bestürmt und die selten etwas anders als einen Tauschhandel von Komplimenten zum Gegenstande haben. Endlich aber gibt es auch Menschen, welche bei solchen Besuchen nur die Bereicherung ihrer Tagebücher, Reisebeschreibungen und Anekdotensammlungen zum Augenmerke nehmen, das Zutrauen argloser Männer mißbrauchen, um Gespräche und Eröffnungen unter vier Augen nachher auf unbescheidene Weise drucken zu lassen; sich auch wohl über die kleinen wirklichen oder anscheinenden Schwachheiten des Mannes, der sie gastfrei und höflich aufgenommen hat, öffentlich lustig zu machen.

20. Nicht weniger Eigennutz, als mehrenteils bei der äußern Achtung im Spiele ist, welche die Menschen gelehrten und

berühmten Leuten zu beweisen pflegen, ist auch in dem Eifer wirksam, mit dem sie sich zu solchen Personen hindrängen, die durch Reichtum, Geburt oder Rang sich über andre erhoben haben. Wenn auch nicht immer von Plänen auf Schutz und Beförderung, auf den Geldbeutel und auf die Mahlzeiten die Rede ist, so sucht doch die liebe Eitelkeit ihren Vorteil bei solchen Verbindungen. Es gibt solche Menschen, die sich gern in die Zirkel Reicherer und Vornehmerer einschieben, die Sitten der sogenannten höhern Stände auf eine zuweilen in das Komische fallende Weise kopieren, ausländische Sprachen reden wollen, deren sie nicht mächtig sind, und sich auf phantastische Weise kleiden, um ihrer Meinung nach auch für reich und vornehm angesehn zu werden, ja! die deswegen und um sich bei den Großen einzuschmeicheln, sich eine Ehre daraus machen, ihren Torheiten und Lastern nachzuahmen. Es gibt Leute, die keinen Aufwand, keine Aufopferung scheuen, sobald es darauf ankommt, ihre törichte Eitelkeit zu befriedigen, die sparsam und kärglich leben und zu leben Ursache haben, wenn sie mit den Ihrigen oder einem vertrauten Freunde allein sind, aber dagegen gern Geld zu zehn vom Hundert aufnähmen, um sich die Ehre verschaffen zu können, einen durchreisenden Prinzen bei sich zu bewirten. Diese Leute kennen in der Tat ihren Vorteil schlecht; von ihren verständigen Mitbürgern verhöhnt, haben sie nicht einmal die Freude, für ihren lächerlichen, oft sehr geschmacklosen Aufwand wahre Dankbarkeit einzuernten. Kaum hat der Magnate ihr Haus wieder verlassen, so vergißt er vielleicht schon den Namen des Mannes, bei dem er so viel Gutes genossen hat; oder wenn er in der Folge einmal wieder seiner Erwähnung tut, so geschieht es, um über die bürgerliche Bewirtung zu spötteln, über die Langeweile zu klagen, die er aus Höflichkeit hat aushalten müssen, und die Albernheiten und Fehler gegen echten Weltton herzuzählen, die ihm dort aufgestoßen sind.

21. Besser berechnet auf der andern Seite der sich herablassende Große seinen Vorteil bei solchen Verbindungen mit Leuten, die er weit unter sich glaubt, und wirft sich gewiß nicht umsonst weg. Wenn er nicht etwa gar in solchen Vermögensumständen ist, daß das Gesuch einer Geldanleihe oder ein andrer ökonomischer Plan ihn bewegt, den Umgang mit dem reichern Bürger zu suchen, so verlangt er doch gewiß auf andre Art für die Langeweile, welche er in dergleichen Gesellschaften empfindet, entschädigt zu werden. Zum wenigsten will er reichlich mit Schmeichelei und Huldigung für die Opfer bezahlt sein, die er, seiner Meinung nach, bringt. Oder deswegen behagt ihm ein Zirkel von Personen geringern Standes weit mehr als der Verkehr mit seinesgleichen, weil jene vielleicht niederträchtig genug sind, einen vornehmen Herrn zu vergöttern. Er will dann, wie Cäsar, lieber in einem Dorfe der erste als in einem Königreiche der zweite sein. Am häufigsten aber legt es diese Art Menschen darauf an, sich in den Ruf einer gewissen Popularität zu setzen und dadurch eine mächtige Partei im Volke für sich zu gewinnen.

22. Überhaupt haben wir Ursache, ohne eigentlich argwöhnisch zu sein, doch nicht zu fest auf die Zuneigung der Menschen zu rechnen, die wir nie in solchen Fällen beobachtet haben, wo unsre Verhältnisse gegen sie mit ihren Vorteilen in Kollision kommen oder wo es kleine oder große Aufopferungen und Verleugnungen gilt. Man beurteile also die Menschen nicht nach dem, wie sie handeln, wenn sie unsrer auf irgendeine Weise bedürfen oder uns fürchten! Wenn wir uns der allgemeinen Achtung erfreuen; wenn unser Wort von Gewicht, unser guter Ruf ausgebreitet und nicht zweideutig ist; wenn man es für eine Art von Ehre halten darf, mit uns vertraulich umzugehn; ja! dann werden wir freilich nie Ursache finden, über Vernachlässigung zu klagen. Aber lasset uns in

Lagen kommen, wo das Glück uns den Rücken kehrt, wo unverschuldet widrige Vorfälle uns treffen, wo böse, verleumderische Gerüchte zu unserm Nachteile herumlaufen, wo wir von rachsüchtigen Obern gedrückt, von Feinden und Neidern verfolgt werden, bei Fürsten in Ungnade gefallen sind – und lasset uns dann sehn, wieviel von denen noch über unsre Schwelle kommen, die vorher sich zu uns drängten und uns die wärmsten Versicherungen ihrer Hochachtung gaben! Wer diese Probe aushält und nicht etwa selbst im Gedränge ist, den darf man für uneigennütziger halten, als mehrenteils der Haufen gewöhnlicher Menschen ist. Ich habe bei verschiedenen Abwechselungen meines unruhigen Lebens angenehme und unangenehme Erfahrungen von der Art gemacht. Unter Fremden, Bekannten, sogenannten Freunden und Blutsverwandten haben dieselben Personen mir mehrmals den Rücken gewendet und sich mir wieder aufgedrungen, mir Wärme und Kälte, Übermut und kriechende Huldigung bewiesen, mich verleumdet und sich ihrer Verbindung mit mir gerühmt, mich mit ihren unbedeutenden Briefen bestürmt und mir auf die meinigen nicht geantwortet, je nachdem meine äußern Verhältnisse von der Art waren, daß sie dabei zu gewinnen oder zu verlieren glaubten. Indes ich unter Leuten, die ich nicht einmal dem Namen nach kannte, edle, eifrige Verteidiger fand, ließen Menschen, die mir sehr wesentliche Verbindlichkeiten schuldig waren, alles Böse über mich ergehn oder schlugen sich gar zu der Partei derer, die mich verfolgten. Wer, so wie ich, über die Verkehrtheit der Menschen lieber lacht als seufzt und eifert, eigentlich niemandes Gnade und Schutzes bedarf, von keinem Menschen in der Welt etwas anders als Gerechtigkeit fordert und, die Wahrheit zu gestehn, von den mehrsten Erdensöhnen herzlich wenig ausdauernde Festigkeit und Konsequenz in Handlungen erwartet, den können dergleichen Erfahrungen eben nicht überraschen und niederschlagen. Er nimmt das, was ihm die Menschen für Treue und Anhänglichkeit verkaufen, vorerst an, als sei es gute, echte Münze, hütet sich übrigens nur, wie ein kluger Kaufmann, in diese unsichern Papiere keine so große Summen von seinem Herzensvermögen anzulegen, daß er durch fremde Fallimente zugrunde gehn könnte, schreibt jedoch die Namen der guten und bösen Kundmänner, die er bei diesem Seelenverkehr kennengelernt hat, in sein Gedächtnisbüchelchen auf, um den erstern die jedem gutgearteten Herzen so heilige Pflicht der Dankbarkeit tätig zu beweisen, den andern aber gelegentlich zu zeigen, daß er sie für das hält, was sie sind.

23. Es ist sehr unterhaltend für den feinen Beobachter zu sehn, welchen Tauschhandel von Schmeichelei die Menschen unaufhörlich untereinander treiben und wie fast alle ihre Verbindungen auf diese Warenspekulation berechnet sind. Solche Verbindungen erweitern und verengen sich, werden gestiftet und getrennt, je nachdem die Teilnehmer ihr Konto dabei finden, das heißt: je nachdem sie sich dabei eine beträchtliche oder zu geringe Einnahme von äußerer Ehre, Schmeichelei und Blindheit gegen ihre Fehler und Untugenden versprechen dürfen. Fast die ganze Kunst der feinen Lebensart beruht weniger auf zweckmäßigen, wahren, gegenseitigen Gefälligkeiten als auf einem stillschweigenden Vertrage, sich einander Gesinnungen und Empfindungen zu heucheln, wovon nicht eine Spur im Herzen und Kopfe ist. Die mehrsten Menschen schätzen und achten uns nach Verhältnis der Huldigung und feinen Schmeichelei, die wir ihnen darbringen. Der verächtlichste Kerl erscheint ihnen in vorteilhaftem Lichte, wenn er ihre Torheiten billigt, ihr Steckenpferd mit besteigt oder wenn sie erfahren, daß er sie gegen andre gelobt hat. Eine einzige gutgemeinte, vielleicht bittre Wahrheit hingegen, die wir aus guter Meinung sagen, kann uns auf immer um die Gunst be-

sonders der eiteln Schoßkinder des Glücks bringen. Auf diese Erfahrungen stützt dann auch der eigennützige, schlaue Schmeichler die Pläne, wodurch er sich emporschwingt, und wir sehen unzählige sehr unwürdige Menschen mit Reichtum, äußerer Ehre und andern Vorzügen dieser Art überhäuft, die ihre Erhebung nur allein der Schmeichelei verdanken. Es gibt Leute, die diese Kunst so überaus fein studiert haben, daß selbst kluge Männer (die denn doch auch nicht immer ganz von Eitelkeit und Eigenliebe frei sind) in ihre Schlingen fallen. Vorzüglich geschickt aber pflegt das weibliche Geschlecht zu sein, auf diesem Wege seine Zwecke zu erlangen und unmöglich scheinende Dinge durchzusetzen.

24. So bereitwillig aber auch die Menschen sein mögen, da, wo es ihnen Vorteil bringen kann, auch wider ihre Überzeugung für die Unvollkommenheiten ihrer Mitbürger blind zu sein und sich gegenseitig mit Beifall und Lob zu hintergehn, so wenig Gerechtigkeit lassen sie, wie dies schon an einem andern Orte ist bemerkt worden, dem wahren Verdienste widerfahren, wenn dadurch das ihrige verdunkelt werden kann. Sie werden sehr geneigt sein, alle gute Eigenschaften an einem Manne zu loben; nur über *die* werden sie leise hinausgehn, auf welche sie selbst große Ansprüche machen. Noch hat man Ursache, ihnen zu danken, wenn sie es dann dabei bewenden lassen, zu schweigen; allein wie oft verleitet sie nicht der Brotneid, den Mann zu verkleinern, zu verleumden, von dem sie sich übertroffen glauben.

25. Ein Teil von dem, was ich über den Eigennutz in der Freundschaft gesagt habe, ist auch auf die Liebe unter Personen von verschiedenem Geschlechte anwendbar. Wir wollen nicht untersuchen, ob überhaupt Geselligkeit und Liebe ursprünglich aus einem Gefühle von Schwäche, aus dem Verlan-

gen nach Hilfe, Beistand und Mitteilung entstehen! – Ein Satz, den man als wahr anzunehmen versucht werden möchte, wenn man bemerkt, daß je selbständiger, stärker, kraftvoller, klüger, reifer an Jahren und Vernunft ein Mann ist, er um desto weniger leicht einzunehmen, um desto schwerer durch Liebe zu fesseln und um so viel geneigter scheint, jene innige Herzensvereinigung, welche die höchste Wonne des weichen Jünglings ausmacht, für Schwachheit, Torheit und Schwärmerei zu erklären. Auch wollen wir uns nicht bei der Bemerkung aufhalten, wie oft physischer Trieb, körperliches Bedürfnis, Verlangen nach sinnlichem Genusse sich heimlich hinter jener geistigen Verbindung versteckt. Lasset uns vielmehr zur Ehre der menschlichen Natur und ihres Schöpfers annehmen, daß in sie der Keim eines höhern Wohlwollens, einer reinen, uneigennützigen Liebe eingepflanzt sei, einer Liebe, die gleich organisierte, harmonisch gestimmte Wesen unwiderstehlich zueinander hinzieht und fest aneinander kettet, einer Liebe, die nicht nur empfangen, sondern auch gern und willig, und mehr als sie empfängt, alles was sie hat und vermag, ihr ganzes Selbst hingeben möchte und zu den größten Aufopferungen fähig ist. Freilich liebt man, um geliebt zu werden, und auch die feurigste Leidenschaft wird erkalten oder in Haß übergehn, wenn alle Hoffnung der Erwiderung schwindet, wenn sogar Verachtung der treuesten Zärtlichkeit zum Lohne wird. Allein das Verlangen, Herz gegen Herz zu vertauschen, das größte Geschenk, das man bringen kann, nicht verworfen, die Kränkung nicht zu erleben, seinen Wert also verkannt, für nichts geachtet zu sehn; dies Verlangen, sage ich, darf man nicht auf die Rechnung eines verwerflichen Eigennutzes schreiben. Selbst die Eifersucht, welche die uneigennützige Freundschaft nie entweihn sollte, scheint der Liebe wesentlich und in der Natur dieser Leidenschaft gegründet zu sein. Aber davon lasset uns reden, daß so oft in der Welt Habsucht, Ehrsucht und Eitelkeit hinter der Larve der Liebe Befriedigung suchen! Es werden wenig Heiratsanträge gemacht, ohne daß dabei der Name der Liebe mißbraucht würde, indes eigennützige Absichten auf Reichtum, wenigstens auf Versorgung, auf Beförderung im bürgerlichen Leben oder auf vorteilhafte Familienverhältnisse einen von beiden Teilen, oder den einen und den andern zugleich, zu den mehrsten Ehebündnissen hinleiten. Und nun vollends bei den losen Banden einer ungesetzmäßigen Liebe; wie selten bleibt da der Eigennutz aus dem Spiele! Mit welcher Schlauigkeit weiß nicht die ungetreue Buhlerin ihren Sklaven glauben zu machen, daß ihr Herz nur für ihn schlage, daß sie ohne ihn nicht leben könne, lieber an seiner Seite betteln, als auf dem glänzendsten Thron sitzen wolle, indes sie seine Goldsäcke ausleert, ihm mit List den letzten Heller entlockt und, wenn er nichts mehr zu geben hat, einem andern freigebigen Toren in die Arme eilt! An unzähligen andern sogenannten Herzensverbindungen haben dann auch Eitelkeit, Langeweile und Avanturengeist Teil, wobei nicht selten beide Parteien sowohl einander als auch sich selbst hintergehen.

26. Unter Blutsfreunden stiftet der Eigennutz oft unversöhnliche Feindschaft, so wie er auch verstellte, falsche Freundschaft, Aufmerksamkeit und Pflege heuchelt, wenn er seine Rechnung dabei findet. Wenn eine Erbschaft zu erschleichen, einer alten Muhme oder einem kränkelnden Oheime ein Legat abzulocken, wenn eine Verlassenschaft unter lachende Erben zu teilen, wenn ein gutmütiger Vetter zu einem für ihn nachteiligen Vergleiche zu bereden ist, dann zeigt sich der Eigennutz, mit den glatten Waffen der Schmeichelei, Gutmütigkeit und zärtlichen Sorgfalt, oder, nach den Umständen, mit der Wut der Habsucht, der Arglist und der Schikane ausgerüstet, in seiner ganzen Stärke.

27. So traurig den Menschenfreund die Bemerkung macht, daß in die natürlichsten, einfachsten Verhältnisse, in die Bündnisse, welche Freundschaft, Liebe und Blutsverwandtschaft stiften, sich so vielfältig ein niedriger Eigennutz einmischt, so kränkend ist für ihn auch die Erfahrung, daß diese unedle Leidenschaft sich zuweilen in das Gewand eines wohltätigen Eifers für die Bildung, den Unterricht und die Erziehung der Jugend hüllt. Ich rede hier nicht von den edeln Männern, die, indem sie ihre Kräfte und die schönsten Jahre ihres Lebens dem mühseligen, oft so undankbaren Geschäfte der Erziehung widmen, doch auf eine verhältnismäßige Entschädigung für die Opfer, welche sie dem gemeinen Wesen bringen, Anspruch zu machen und etwas zurückzulegen suchen, damit nicht einst nach ihrem Tode Weib und Kinder von Almosen leben müssen. Auch rede ich nicht von den armen, in der Tat bedauernswerten Schullehrern, besonders auf dem Lande, welche, wenn sie für die nützlichsten Dienste, die irgendein Bürger dem Staate leisten kann, kümmerlich besoldet werden, um nicht gänzlich zu verarmen, zu allerlei Nebenerwerbmitteln ihre Zuflucht nehmen, sich von Abschreiben nähren oder ein Handwerk treiben und darüber ihren eigentlichen Beruf versäumen, die endlich, um dem Geize der Eltern, denen es oft mehr um wohlfeilen als treuen Unterricht für ihre Söhne und Töchter zu tun ist, zuweilen ein Geschenk zu entlocken und wenigstens ihre einträglichsten Kunden nicht zu verlieren, den Kindern der Reichern und Vornehmern durch die Finger sehen und schmeicheln – von diesen, welche die Not treibt, den Geldgewinn zu ihrem Hauptaugenmerke zu machen, rede ich nicht; sondern von solchen Menschen, die ohne innern und äußern Beruf zu dem wichtigen Erziehungsgeschäfte, wenn sie sich zu allen übrigen Verrichtungen des bürgerlichen Lebens ungeschickt fühlen, oder den damit unvermeidlich verbundenen Zwang der Abhängigkeit

von Vorgesetzten und Obern nicht ertragen können, sich eine Republik von fremden Kindern stiften, zu deren Vorsteher sie sich aufwerfen, und dafür reichliche Abgaben entrichten lassen, die sie leichtgläubigen Leuten, unter Vorspielung der menschenfreundlichsten Absichten, durch pomphafte Ankündigungen aus dem Beutel schwatzen, dies Geschäft als Finanzsache betreiben und, wenn sie einige Jahre hindurch reicher Leute Kinder in ihren Menschenfabriken bearbeitet haben, diese, ebenso unwissend und nicht selten an Leib und Seele schlechter und zu allen ernsthaften Geschäften unfähig, wieder nach Hause schicken. Am gewissenlosesten und nur auf Geldgewinn bedacht, pflegen aber leider! die meisten Lehrmeister in schönen Künsten, Musik, Tanz, Zeichenkunst und die Sprachmeister zu verfahren. Da wird nur daran gedacht, wie die bestimmte Stunde, für welche die Herrn eine Karte erhalten, in jedem Hause ausgefüllt werden könne. Ob der Schüler etwas lernt oder nicht, das ist dann des Meisters geringste Sorge; im Gegenteil, je langsamer die Fortschritte sind, welche er macht, um desto sicherer ist er, die Kundschaft lange zu behalten, wenn nur von Zeit zu Zeit den leichtgläubigen, von Affenliebe für ihre Kinder eingenommenen Eltern Überzeugung von den großen, herrlichen Anlagen der Püppchen, durch vorgelegte Proben und angestellte Prüfungen, wobei der Lehrmeister gewöhnlich das Beste tut, verschafft werden kann. Ist nun gar von dem Unterrichte erwachsener junger Frauenzimmer die Rede, so spielt nicht selten der Herr Lehrer nebenher die Rolle des Liebhabers, oder wenigstens des Brief- und Zeitungsträgers.

28. Das Band, welches die Hausherrschaft und das Gesinde aneinanderknüpft, ist nicht weniger oft aus bloßem Eigennutz zusammengewebt. Man hört allerorten über die Faulheit und Untreue der Dienstboten klagen. Es ist wahr, die wenigsten

von ihnen verrichten ihre Geschäfte eigentlich mit Lust und Eifer. Wenn nur die Zeit hingeht und sie keiner offenbaren Nachlässigkeit beschuldigt werden können, so glauben sie genug getan zu haben. Der Nutzen ihrer Herrschaften liegt ihnen nicht am Herzen; sie richten mutwillig den Hausrat zugrunde, schweigen zu den Betrügereien der Handwerker und Verkäufer, mit welchen jene Geschäfte treiben, wenn sie nicht gar mit ihnen einverstanden sind. Halten sie auch den eigentlichen Diebstahl für verdammliche Sünde, so rechnen sie doch die Entwendung und Verschleuderung von Kleinigkeiten, besonders von Eßwaren und Getränken, zu ihrem und ihres Anhangs Genusse, für kein Verbrechen. Wenn Hausvater und Hausmutter den Blick wegwenden, wird die Arbeit für sie zurückgelegt und ihre eigne vorgenommen. Endlich in Häusern, wo etwas dabei zu gewinnen ist, werden Uneinigkeiten zwischen Mann und Weib, Eltern und Kindern, oder Klatschereien, oder heimliche Liebesverständnisse durch sie unterhalten und den Eltern die Ausschweifungen und Unarten ihrer Kinder verschwiegen und dies alles solange fortgetrieben, bis sich Gelegenheit zeigt, in einem andern Hause für höhern Lohn anzukommen, da dann das Gesinde auch der besten, nachsichtigsten Herrschaft den Stuhl vor die Tür setzt und seine untreuen Dienste dort verkauft. Das alles trifft man leider! nur zu häufig an; allein von der andern Seite sind auch die Hausväter oder sogenannten Brotherrn nur zu oft selbst durch ihr hartes und eigennütziges Verfahren schuld daran, daß ihre Dienstboten ihnen keine wahre Anhänglichkeit zeigen. Wenn sie das Gesinde sklavisch behandeln und schlecht bezahlen; wenn sie verlangen, daß die armen, von ihnen abhängig gewordenen Geschöpfe ihnen ihre ganze Existenz, alle Stunden des Tages und der Nacht, verkauft haben sollen; wenn sie ihnen nicht die geringste Erholung, keine unschuldige Freude, keinen Augenblick Muße, um für ihre eignen Bedürfnisse zu arbeiten, gönnen; wenn sie ihnen schlechte Kost und so wenig reichen lassen, daß sie kaum, vielleicht auch gar nicht, satt davon werden können; wenn der Bediente, sobald er anfängt, alt oder schwächlich zu werden, den Überdruß gewahr wird, den seine Gegenwart im Hause verursacht; wenn er dann in solchen Umständen jeden Augenblick erwarten muß, verstoßen, der Armut preisgegeben zu werden; wenn er bei Krankheiten ohne Pflege und Wartung daliegen, die teure Arzenei selbst von seinem geringen Lohne bezahlen muß oder in ein schmutziges Hospital geschleppt wird; wenn er jedesmal aus seinem Beutel den Schaden vergüten muß, den die Herrschaft an zerbrechlichem Hausrate, durch ein Ungefähr oder durch eine kleine Unvorsichtigkeit leidet; endlich wenn er den Laufpaß erhält, sobald sein Gesicht nicht mehr gefällt oder ein andrer jüngerer, hübscherer, für geringern Lohn zu habender Bedienter sich meldet; dann ist es wohl kein Wunder, daß das Gesinde von einer so schimpflichen, so unsichern und so lästigen Existenz soviel Gewinn zu ziehn sucht, als sich tun läßt, und sich um den Vorteil seiner Herrschaften wenig bekümmert.

29. Ich habe, nicht um dem Laster das Wort zu reden, sondern zu Milderung der widrigen Eindrücke, welche die Schilderungen, die ich hier von der ungeselligen Handlungsart so vieler Menschen aufstellen muß, auf jeden Tugendfreund machen werden, im Anfange dieses Abschnittes (5 und 6) zu beweisen gesucht, daß der Grund dieses verwerflichen Eigennutzes nicht in einer ursprünglichen Verderbtheit der menschlichen Natur, nicht in einem angebornen Mangel an Wohlwollen und Teilnahme, sondern in den durch unsre bürgerlichen Einrichtungen vervielfältigten Verhältnissen und in dem mit der feineren Kultur zugleich allgemeiner sich ausbreitenden Luxus zu suchen sei, der eine Menge neuer Be-

dürfnisse erzeuge, deren Befriedigung man dann auf Kosten andrer suche. Hier muß ich nur noch bemerklich machen, daß unsre pädagogischen und religiösen Systeme nicht weniger dazu beitragen, in uns den Keim des Eigennutzes emporsprossen zu lassen. Statt den Kindern früh die heilige Wahrheit anschaulich zu machen, daß die Erfüllung jeder Pflicht, die Erwerbung der Fertigkeit in jeder Art Tugend ihren eignen Lohn mit sich führen und daß es niedrig, eines verständigen und edlen Menschen unwürdig sei, einen andern Preis von außen her zu erwarten, werden sie vielmehr gewöhnt, für solche Handlungen, die ihr eignes wahres Wohl befördern, von ihren Erziehern gleichsam Bezahlung zu fordern. Statt vorauszusetzen, daß es jedem vernünftigen Wesen ein Bedürfnis sein müsse, folgerecht, das heißt gut zu handeln, daß sich das von selber verstehe und noch gar keines Lobes wert sei, veranlaßt man, daß sie immer glauben, nur ihren Erziehern und andern sich durch gute Aufführung gefällig beweisen zu müssen, um dafür die Gebühren einzustreichen. Belohnungen und Strafen werden selten aus der Natur der Handlung selbst hergenommen und durch diese herbeigeführt, sondern willkürlich verhängt. Für das, was das Herz verbricht, wird der Magen gezüchtigt, und wenn der Kopf nicht aufmerksam gewesen ist, rächt man sich an der Winterseite des Körpers. Daher kommt es dann, daß die Jugend erstlich nur für solche Pflichten geneigt gemacht wird, deren Ausübung ihr etwas einbringt; zweitens, daß sie hingegen da, wo keine äußere Vergeltung zu erwarten ist und sie im Verborgnen handeln kann, ohne Strafe fürchten zu müssen, nicht den Vorschriften der Vernunft, sondern ihren unregelmäßigen Trieben folgt; endlich drittens, daß sie für gute Handlungen Belohnungen erwartet, die mit denselben in gar keiner Verbindung stehen. Diese Beschaffenheit hat es dann leider! auch mit den Religionsbegriffen der mehrsten, weniger aufgeklärten Menschen. Selbst die, welche die Lehre der römischen Kirche von der Verdienstlichkeit des Betens, Fastens, Almosengebens, von der Kraft äußerer Förmlichkeiten und mechanischer Gebräuche, um damit die Seligkeit zu erkaufen, verwerfen, bauen dennoch nicht weniger das System ihrer Religion auf bloßen Eigennutz. Die Aussicht auf den Himmel und die Hölle sind oft bei ihnen der einzige Antrieb zur Tugend, Furcht vor dem liebreichen Vater aller Kreaturen hält sie allein vom Laster zurück, und sie sehen Gott für einen willkürlich strafenden und belohnenden Oberherrn an, den man für eine lange Reibe lasterhaft verlebter Jahre durch ein paar reuige Augenblicke auf dem Totenbette versöhnen könne. Daher kommt es dann, daß, wenn bei solchen Leuten der Glaube an die Lehre vom Himmel und der Hölle zu wanken anfängt, mit diesem Glauben zugleich alles Interesse, tugendhaft zu handeln, zum Schaden der Moralität verschwindet. Wieviel wirksamer würden hingegen die Motive zum Guten sein, wenn den Christen von Jugend auf eingeprägt würde, daß der göttliche Stifter unsrer Religion uns nur deswegen die strengste Ausübung aller Art Tugend zur Pflicht gemacht habe, weil wir dadurch unsre Vollkommenheit und eigne wahre *innere* Glückseligkeit befördern, die in der höhern Ausbildung und Anwendung unsrer Vernunft, zur richtigen Lenkung unsrer Gefühle und Triebe und zu Gründung der Harmonie des Ganzen besteht, und daß dies der einzige erlaubte, ja lobenswerte Eigennutz sei, welcher Einfluß auf unsre sittlichen Bewegungsgründe haben dürfe!

30. Wenn aber auf jene Weise die Menschen von Kindheit an gewöhnt werden, einen niedrigen Eigennutz zur Triebfeder aller ihrer Handlungen zu machen, ist es dann zu verwundern, wenn man im bürgerlichen Leben allgemein die schädliche Wirkung dieser Verkehrtheit gewahr wird? Die mehrsten von den Regierungen ausgesetzten Preise, um Ordnung, Fleiß

und Tätigkeit zu befördern, die sich doch selbst so reichlich belohnen, liefern einen traurigen Beweis davon, daß man den Menschen das Interesse sehr nahelegen müsse, um sie zu Ausübung ihrer Pflicht zu ermuntern. Ja die ganze geheime Kunst, Menschen zu regieren, besteht fast allein in der Gewandtheit, mit der man ihre Leidenschaften zu guten Zwekken zu nützen und ihnen, bei Verwendung ihrer Kräfte, nicht zu entfernte, aber in die Sinne fallende Vorteile zu zeigen versteht.

31. Die mehrsten Menschen sind äußerlich tugendhaft, rechtschaffen, großmütig, gefällig, dienstfertig, gesellig, nicht aus innerm Triebe zum Guten, nicht aus richtiger Berechnung des Nutzens, den sie dadurch, wie ihnen die Vernunft diese Pflicht vorschreibt, der menschlichen Gesellschaft stiften; nein! nur um damit gewisse Vorteile zu erkaufen, sei es nun Beförderung im bürgerlichen Leben, sei es irgendein andrer eigennütziger Plan, oder sei es endlich auch nur des Rufs und Beifalls wegen. Man lobt, um wiedergelobt zu werden oder um gelegentlich desto sichrer Verleumdung für Wahrheit verkaufen zu können, wenn man sich Zutraun erworben hat. Man gibt sich und das Seinige hin, um mit Zinsen wieder fordern zu dürfen. Man ist herablassend, freundlich, populär, um andre zu hintergehn, irgend etwas durchzusetzen oder um seine Feinde, die es weniger sind, zu beschämen und ihnen ihren Anhang zu entziehn. Oft findet man aber, daß wenn Personen lange Zeit hindurch diese heuchlerische Larve getragen haben und es ihnen nicht gelungen ist, dasjenige zu erlangen, worauf sie hinzielten, sie auf einmal die Verstellung aufgeben, ihre unedle, ungesellige Gemütsart öffentlich und sich in ihrer natürlichen Gestalt zeigen. Man lasse sich daher ja nicht zu leicht in seinem Urteile über Leute täuschen, deren glatte Worte, deren glänzende Wohltätigkeit und Freundlichkeit für

sie den allgemeinen Ruf bestochen haben! Man beobachte sie eine Zeit lang. – Es kommt der Augenblick der Prüfung, wo es Aufopferung gilt, wo es auf unverdächtige Anwendung der so herrlich ausgekramten Scheintugenden angesehn ist; und nun steht der eigennützige, egoistische Prahler in ganzer Blöße da. Oft nach einer langen Reihe von Jahren erst gerät man auf die Spur der wahren Bewegungsgründe, die einen Mann zu Handlungen bewogen haben, die man auf die Rechnung einer großmütigen Denkungsart geschrieben hatte. Lasset uns aber auch nicht zu bereitwillig sein, in die lieblosen Urteile derjenigen mit einzustimmen, die ich im dreizehnten Absatze dieses Abschnitts geschildert habe und die aus Neid, folglich aus einem nicht weniger eigennützigen Gefühle, jede gute Handlung ihres Nebenmenschen verdächtig zu machen suchen! Man sei doch ja froh, wenn nur eine größere Summe des Guten ausgeübt wird, und suche die schwächern Brüder, wo es irgend ohne Beleidigung des Wahrheitsgefühls geschehn kann, durch Lob, Beifall und Zutraun zu ermuntern, ohne sich zu vermessen, ihre geheimsten Absichten zu richten!

32. Genau betrachtet hat aber jede Bestrebung, seine Handlungen so einzurichten, daß man dadurch äußern Ruf, Lob und Beifall gewinne, ihren Grund in einem, obgleich zuweilen versteckten Eigennutze. Zwar bin ich weit entfernt zu glauben, man dürfe die allgemeine Schätzung, und besonders das Urteil verständiger und edler Männer über unsern wahren Wert, für nichts achten; vielmehr halte ich diese Rücksichten für sehr vorzügliche Triebfedern, die uns aufmuntern können, die Achtsamkeit auf uns selbst nie aufzugeben und, um guter Menschen Liebe und Beifalls wert zu sein, immer eifriger an unsrer Vervollkommnung zu arbeiten; allein die Hauptmotive zu moralischen Handlungen müssen aus einer reinern Quelle geschöpft werden. Der Gedanke, mit aller Anstrengung seiner

Kräfte der menschlichen Gesellschaft nützlich zu werden; im Stillen, da, wo man von niemand beobachtet wird, Hilfe, Lehre, Rat, Trost, Beruhigung, Aufklärung, Glück und Wohlstand zu verbreiten und seine schönsten Stunden mit Freuden aufzuopfern, um andre froh zu machen – dieser Gedanke ist so seelenerhebend und erquickend, daß diejenigen in der Tat unser Mitleiden verdienen, die für die Wonne, welche ein so nützlich verwendetes Leben gewährt, keinen Sinn haben. Wie aber Tugend und Laster durch Übung wenn nicht erlangt, doch gewiß befestigt werden, so wird uns auch der Trieb, für das Wohl der Menschheit zu arbeiten, endlich zu dem dringendsten Bedürfnisse, zu einem Teile unsrer Existenz. Da fühlt man denn gar keinen Widerwillen mehr, die langweiligsten, mühseligsten Arbeiten zu treiben, insofern man nur Nutzen dadurch stiftet. Ja! es liegt eine geheime, innige, vielleicht ein wenig eitle Freude darin, sich bewußt sein zu dürfen, daß, je unangenehmer das Geschäfte ist, das man in dieser Rücksicht übernimmt, desto weniger der eigne Genuß uns zu diesem Opfer angetrieben habe. Der, welcher, wenn er ein Amt mit Lust verwaltet oder ein Geschäft unter Händen hat, das mit Annehmlichkeiten verknüpft ist, nicht fühlt, daß er bereit sein würde, mit demselben Eifer Besen zu binden oder Schwefelhölzer zu schnitzeln, wenn er gewiß durch diese Arbeit dem Staate oder seiner Familie, mit einem Worte! der gesellschaftlichen Verbindung, nützlicher werden könnte, als wenn er philosophische Abhandlungen schriebe oder das Ruder der Regierung führte; ein solcher sage nicht, daß er Gemeingeist habe, daß er für andre lebe! Es ist keine Kunst, sich anzustrengen, wenn diese Anstrengung Freude, Reichtum und Ruhm einbringt. Nicht jeder steht auf einem Standpunkte, wo er der Menschheit auf glänzende Weise im Großen nützen kann, auch kommt es oft weniger darauf an, *was* man tut, als *wie* und *warum* man es tut. Ein redlicher, treuer

Hausvater, der sparsam lebt, unermüdet im Schweiße seines Angesichts arbeitet und sich so manches Vergnügen versagt, um ein kleines Vermögen zu sammeln, damit einst seine Kinder sich unabhängige, sorgenfreie Tage erkaufen können; ein fertiger Geschäftsmann, der mit ununterbrochenem Fleiße sein Leben lang, für mäßige Besoldung, in staubigen Akten wühlt, dabei mit Verdruß aller Art kämpft, manche undankbare Behandlung und Zurücksetzung geduldig erträgt und, obgleich er Vermögen genug besitzt, um sich in Ruhe setzen zu können, dennoch nicht von seinem Platze weicht, weil er überzeugt ist, daß ein andrer an seiner Stelle weniger Nutzen stiften würde; diese haben gewiß ein ebenso großes Verdienst um die Welt als mancher, der sich durch glänzende Taten hervortut, aber auch dabei seine Eitelkeit, sein Vergnügen und seinen Geldbeutel befriedigt. Jede nützliche Verwendung der Kräfte, aus reinen Absichten, hat wahren Wert, hat nahe und ferne wohltätige Folgen.

33. Doch nicht nur in den Geschäften des bürgerlichen Lebens, sondern sogar in ihren Studien und in Ausfüllung ihrer Nebenstunden verraten die Menschen eigennützige Absichten. Seltener haben sie, wenn sie eine Wissenschaft treiben, den Zweck vor Augen, dadurch der Welt nützlich zu werden, öfter nur den Plan, durch dies Mittel auf eine einträgliche Bedienung Anspruch machen zu dürfen. Man strebt nach Erwerbung neuer Kenntnisse, nicht sowohl um Geist und Herz zu veredeln und dadurch ein würdiges Mitglied der menschlichen Gesellschaft zu werden, als vielmehr des eignen Genusses wegen und um damit prahlen zu können. Man legt sich auf schöne Künste und Sprachen, um in Gesellschaften zu glänzen und Lob einzuernten. Ja! bis in die geselligen Vergnügungen hat sich der Eigennutz hineingedrängt, da die schändlichste, jedes verständigen und redlichen Mannes

höchst unwürdige Beschäftigung, das vermaledeiete Spiel um hohes Geld, zu einem ganz unentbehrlichen Bedürfnisse aller großen Zirkel geworden ist – ein Sittenverfall, der nur von solchen Personen in Schutz genommen und mit elenden Gründen unterstützt werden kann, die ihre eigne Spielbegierde rechtfertigen müssen. Mögen immerhin leere Köpfe auf diese Weise die Zeit töten! Mögen immerhin Leute, die kein Gespräch zu führen wissen, ohne Verleumdungen einzumischen, durch die Achtsamkeit auf ihre Karten zum Schweigen gezwungen werden! Aber gebildete, denkende Menschen müssen einen bessern Stoff zur Unterhaltung zu finden verstehn. Je größer dann die Gesellschaft ist, um desto lebhafter wird der Ideentauschhandel fortgehn, und wenn nur eine Anzahl solcher Männer, denen es damit ein Ernst wäre, in ihren Zirkeln den Anfang dazu machen wollten, so würde bald, nachdem sie vielleicht zuerst einige Mühe hätten anwenden müssen, die übrigen in den Gang zu bringen und den Ton anzugeben, niemand mehr um Stoff zu interessanten Gesprächen verlegen sein, besonders wenn man die Musik zu Hilfe nähme. Dankbar erinnere ich mich der glücklichen und belehrenden Stunden, die ich als Knabe, Jüngling und Mann in Braunschweig, in einigen sächsischen Städten, in den Rheingegenden und in Hamburg mitten unter den edelsten und gebildetesten Personen beiderlei Geschlechts auf diese Weise verlebt habe.

34. Wenden wir nun unsern Blick auf die Geschäfte im bürgerlichen Leben, so sehen wir nicht weniger oft den Eigennutz unter allen Bewegungsgründen, die den Menschen bestimmen, seine Kräfte dem Dienste des Staates zu widmen, obenanstehn. Wer schlägt wohl ein einträgliches Amt aus, das er zu erlangen Gelegenheit hat, er mag nun in seinem Gewissen überzeugt sein, daß er die dazu nötigen Kenntnisse habe oder

nicht? Wie selten läßt man seinem geschicktern und fleißigern Mitwerber Gerechtigkeit widerfahren und ist bereit, Verzicht auf eine Bedienung zu tun, damit sie dem, welcher ihr besser vorstehn würde, zuteil werde? Auf Kosten des gemeinen Wesens seine Tage in Ruhe, Wohlstande und im Genusse äußerer Ehre verleben zu können, das pflegt der Hauptzweck zu sein, weswegen man sich zu öffentlichen Geschäften drängt. Genau betrachtet haben die Fürsten und Regierungen gegen die Staatsdiener keine andre Verbindlichkeit als die, einen jeden von ihnen im Besitze der ihm angewiesenen Stelle zu lassen, solange er die dabei übernommenen Pflichten erfüllt und ihn dafür, daß er sich durch keine andre Art des Erwerbes Unterhalt verschaffen kann, durch verhältnismäßige Besoldung zu entschädigen. Allein kaum sieht sich ein Mann im Besitze der Bedienung, um welche er angehalten hat, so denkt er schon daran, weiter hinaufzurücken, und glaubt ein Recht auf jede höhere und einträglichere Stelle zu haben, die erledigt wird – gleich als wenn die Landesregierung nicht befugt wäre, zu einem Amte, ohne Rücksicht auf die schon angesetzten Staatsdiener, den würdigsten zu wählen! Schlägt nun ein solcher Wunsch fehl, so pflegt der Mann, welcher sich *zurückgesetzt* glaubt, weil er nicht *vorgesetzt* wird, lau in seinem Diensteifer und nachlässig zu werden. Ich hatte das Glück, in meinen ersten Dienstjahren unter den Augen eines großen, würdigen Ministers zu arbeiten. Dieser sagte mir einst: er sähe es ganz gern und veranlasse es zuweilen, daß der Fürst solchen Leuten, die ohne Unterlaß um Beförderungen und Zulagen anhielten, selbst wenn sie dieser Vorteile nicht unwürdig wären, ihre Bitten abschlüge. Man lerne bei solchen Gelegenheiten den Mann kennen. Führe er dennoch fort, seine Pflicht treu und fleißig zu erfüllen, so verdiene er dann, daß ihm zu einer Zeit, wo er es am wenigsten erwarte, sein Wunsch gewährt werde. Wolle er aber etwas ertrotzen, so müsse man ihm durchaus nicht nachgeben.

35. Wie wenig Menschen verwalten wohl so gewissenhaft fremdes, ihnen anvertrautes Gut wie ihr eignes? Man werfe doch einen Blick in die meisten Vormundschafts- und Kuratelakten, in die herrschaftlichen Bauregister und in die Rechnungen öffentlicher Anstalten, Hospitäler, Armen-, Waisenhäuser, Magazine und dergleichen! Sobald die Bezahlung aus einer öffentlichen Kasse kommt, glaubt jeder ein Recht zu haben, seinen Eigennutz dabei befriedigen zu können, und man schämt sich nicht solcher Handlungen, und wenn man die Einnehmer gewisser Abgaben, als Licent, Accise u.s.f. betrogen hat, sich laut zu rühmen. Überhaupt aber behandelt ein großer Teil der Staatsdiener seine Berufsarbeiten nur wie Nebenwerk und um davon seinen Unterhalt zu haben, seine Lieblingsbeschäftigungen und Vergnügungen hingegen wie die Hauptsache, der jene weichen müssen. Deswegen wird es in so vielen Ländern als etwas Unerhörtes angesehn, wenn ein Mann, der reichlich besoldet wird, zuweilen des Nachmittags eine Feder ansetzen muß; denn es wird vorausgesetzt, daß doch wenigstens die Hälfte des Lebens dem Vergnügen gewidmet sein müsse, indes von der übrigbleibenden Zeit zwei Drittel dem Schlafe gehören.

36. Kommt nun gar der Vorteil des Staats mit dem persönlichen Eigennutze seiner Diener und mit dem ihrer Herrn Vettern und Kreaturen in Kollision, dann pflegt jener diesem weichen zu müssen. Man weiß, wie weit in manchen, besonders von geistlichen Fürsten regierten Ländern der Nepotismus, das Verwandtschaftsregiment und das Protektionswesen getrieben werden. Da kann der verdienstvollste Mann zu keinen Ehrenstellen, nicht einmal zu einer anständigen Versor-

gung gelangen, muß mit Not und Druck kämpfen, wird aller Gelegenheit beraubt, seine Kräfte und Talente zum Besten der bürgerlichen Gesellschaft zu verwenden, wenn es ihm an Familienverbindungen fehlt und er, im Gefühle seiner Würde, die Schleichwege verachtet, welche allein zum Glücke und zur Beförderung führen. Da schreiet der Bedrängte vergebens um Gerechtigkeit, wenn das Interesse irgendeines Großen oder eines von ihm beschützten Untertyrannen im Spiele ist; da hemmt das Handbillet einer vornehmen Dame den Lauf der Justiz. Da sind hingegen die unwissenden, nichtswürdigen Söhne, Neffen und Schwäger der herrschenden Magnaten mit ihrem ganzen Anhange in erblichem Besitze aller Vorzüge, Ämter und Güter, welche die Regierung zu erteilen hat. Ist noch ein Vetter zu versorgen und gerade keine bedeutende Stelle erledigt, so werden ganz neue Bedienungen erschaffen, neue Korps errichtet, um dem Lieblinge zu helfen. In solchen Ländern kann der Staats- und Adreßkalender zugleich zum genealogischen Handbuche einiger wenigen Familien dienen.

37. Von einem solchen Unfuge hat man Gottlob! in unsern Gegenden keinen Begriff; es wird aber das System des Eigennutzes in manchen Ländern so weit getrieben, daß ohne Scheu öffentliche Bedienungen, Würden, Ehrenzeichen, ja! Recht und Gerechtigkeit den Meistbietenden feilgeboten und verkauft werden. Ich habe einst eine solche Verfassung in der Nähe gesehn. Ein Jude war da der allgemein bekannte Mäckler des dirigierenden Ministers. Jedermann, der etwas suchte, schloß, nicht etwa unter der Hand, sondern zuweilen selbst in dem Vorzimmer des Ministers, mit dem Israeliten seinen Handel ab. Ob das, was er verlangte, recht oder unrecht war, das machte keinen andern Unterschied als im Preise. Die wichtigsten Bedienungen konnte man, wenn man reichlich bezahlte, für seine unmündigen Kinder erkaufen, denen dann

so lange ein Gehilfe gehalten wurde, bis sie erwachsen waren. Der Beamte, den der Ankauf seiner Stelle schweres Geld gekostet hatte, erpreßte in seinen ersten Dienstjahren die Summe wieder von den Untertanen, und wenn diese höhern Orts klagten, wurden sie in die Gefängnisse geworfen. Dort bat mich einst ein Klaviermeister, ihn in einigen angesehenen Häusern zu empfehlen. Ich tat dies, und nun kam er nach einiger Zeit zu mir, um zu fragen: wieviel er mir dafür zu bezahlen hätte? – So ausgemacht gewiß schien es ihm, daß man hier gar keine Gefälligkeiten unentgeltlich fordern dürfte.

38. Ist es zu verwundern, daß kluge Fürsten endlich so mißtrauisch gegen alle Personen werden, von denen sie umgeben sind, daß ihnen jede Empfehlung, jedes Vorwort, jeder Rat, jeder ihnen vorgelegte Plan verdächtig scheint, wenn die Erfahrung sie gelehrt hat, wie oft man ihr Ansehn mißbraucht, um Privatabsichten zu begünstigen, den Eigennutz und andre Leidenschaften zu befriedigen? In der Tat ist fast immer nur die Habsucht und der Ehrgeiz derer, die nahe am Throne stehen, Schuld an dem mannigfaltigen Elende der Völker, das man dann auf die Rechnung der guten Fürsten schreibt, die doch auch Menschen sind und denen es so schwer gemacht wird, durch den Schleier hindurchzublicken, den Eigennutz und Bosheit aus der Hand der Schmeichelei vor ihre Augen fallen lassen. Wieviel Mühe hat nicht schon ein sorgsamer Hausvater, wenn er seine Wirtschaft gehörig übersehn und nicht betrogen werden will! Und ein einziger Mann sollte die Haushaltung eines ganzen Landes allein so regieren können, daß er nie in Irrtum verfiele, indes fast alle Menschen um ihn her sich verschworen zu haben scheinen, ihn auf falsche Wege zu locken, die zu ihren eigennützigen Zwecken führen? Leider! geht diese Verschwörung so weit, daß untreue, für das Wohl des Landes wenig besorgte Räte, um dabei im Trüben fischen

zu können, die Regenten selbst verleiten, ihren Nutzen von dem der Untertanen zu trennen und diese mit Hab und Gut als ihr Eigentum anzusehn. Wie selten wagt man es einmal, einem Fürsten Pläne zu öffentlichen Anlagen, zu wohltätigen Anstalten vorzulegen, wenn man darauf nicht zugleich einen neuen Finanzzweig pfropfen, kein Interesse damit verbinden, nicht dartun kann, daß die Schatulle dabei gewinnen oder irgendeine Lieblingsleidenschaft dadurch befriedigt werden kann!

39. In manchen Ländern gibt es Volksrepräsentanten, die, wie die Landstände in einigen deutschen Staaten, berufen und bei wichtigen Schritten der Regierung um ihre Einwilligung ersucht werden müssen; allein wo der Eigennutz derer, die am Ruder sitzen, die Oberhand hat, da sind solche Einrichtungen nur schwache Brustwehren gegen die Bedrückungen böser Minister. Man weiß, wie leicht es diesen wird, auf die Beratschlagungen solcher Versammlungen Einfluß zu erhalten, um ihre Entwürfe durchzusetzen. Auch bestehen dergleichen Collegia mehrenteils aus Leuten, die, was entweder ihre Person oder ihr Vermögen oder ihre Familie betrifft, von den Regierungen durch Furcht und Hoffnung abhängig sind, welches freilich wohl nicht also sein sollte. Der eine will die ihm gezeigte Aussicht zu weiterer Beförderung im Dienste durch seine Widersetzlichkeit gegen die Forderungen des Fürsten nicht verscherzen. Der andre wird durch Drohung mit zu erwartender Ungnade des Hofes zahm gemacht. Bei Ärmern und Geizigen wird auch wohl offenbare Bestechung angewendet. Alle diese Mittel werden dann hauptsächlich auch bei den Wahlen der Bevollmächtigten in Wirksamkeit gesetzt.

40. Und weil ich eben von Bestechungen rede, so erlaube man mir eine Bemerkung! Wer von uns Sterblichen ist unbe-

stechbar? Wer von uns ist immer fest genug, sei er Richter oder Wahlmann oder Minister oder Repräsentant, oder welche Stelle im Staate er auch bekleide, der Überredung, der Sophisterei, der augenblicklichen Rührung, der feinen Schmeichelei, der Macht eigner und fremder Vorurteile zu widerstehn? Wenn auch alle baren Schätze des Erdbodens sein Herz und seinen Kopf nicht vom geraden Wege abzuleiten vermöchten, wird er immer stark und wachsam genug sein, einer von jenen versteckten Klippen auszuweichen?

41. Oft ist das Wohl ganzer Völker, Länder und Generationen das Opfer eigennütziger Menschen. Die Geschichte liefert uns die traurigsten Beispiele von verderblichen und ungerechten Kriegen, die, nur um die Ehrsucht oder den Geldgeiz der Minister, Heerführer und anderer dabei interessierter Personen, auf Unkosten der armen Völker, zu befriedigen, ohne dringende Ursache angefangen oder in die Länge gezogen wurden. Sie schildert uns Generale, die, bestochen von dem Feinde, den sie bekämpfen sollen, oder aus Neid gegeneinander und gegen den Oberbefehlshaber, dem sie die Ehre des Sieges mißgönnen, sich vorsätzlich schlagen lassen und das Leben vieler Tausende aufopfern. Sie beschreibt uns ganze Reihen von unglücklichen Feldzügen und Länderverwüstungen, in welchen das mannigfaltige Elend bloß durch die Uneinigkeit eifersüchtiger und eigennütziger Anführer über unschuldige Generationen aufgehäuft wurde. Wenn sie uns die Triebwerke zeigt, durch welche die wichtigsten Staatsumwälzungen in der Welt sind hervorgebracht worden, so sehen wir, zur Demütigung der Menschheit, daß selten echter, uneigennütziger Eifer für das allgemeine Wohl die Häupter der Revolution beseelte, sondern daß mehrenteils die getäuschte und gemißbrauchte Nation das Opfer der Leidenschaften einiger nach Macht, Ehre und Reichtum strebender, ränkesüchtiger Bösewichte war.

42. Traurig ist es nun überhaupt, daß die Regierungsverfassungen der mehrsten Länder nicht sowohl auf bestimmten, unwandelbaren Gesetzen beruhen, als vielmehr nach den Privatleidenschaften, dem Eigennutze und den Vorurteilen derer, die am Ruder sitzen, umgemodelt werden dürfen, so daß kein Bürger im Staate sicher sein kann, ob er mit den Seinigen im folgenden Jahre noch in demselben Grade des Wohlstandes, der Ruhe, bürgerlicher Freiheit und Glückseligkeit sich wird erfreuen können, die ihm jetzt zuteil werden. Ich rede hier nicht von den notwendigen Abänderungen, die in den politischen Systemen, nach der Stimmung und den Bedürfnissen des Zeitalters, vorgehn müssen, sondern von einer willkürlichen Annahme neuer Grundsätze, die keine weitere Veranlassung hat als die Launen, Leidenschaften, Phantasien der Regenten oder den Eigennutz, die Herrschsucht und Eitelkeit der Minister. Es sei mir erlaubt, zur Erläuterung dieser Bemerkung die Geschichte eines Mannes zu erzählen, den wir Max nennen wollen, weil sein Name ebensowenig zur Sache tut als die Zeit und der Ort, wo die Szenen, die ich schildern will, vorgegangen sind. Max hatte sich als Jüngling schon durch literarische Produkte voll üppiger, glühender Phantasie, Natur, Wahrheit und Feinheit in der Darstellung als ein seltenes Genie bekannt gemacht. Er lebte in seiner Vaterstadt ohne öffentliche Geschäfte, als der junge, eben zur Regierung gekommene Fürst von ***, bei seiner Durchreise, das Verlangen befriedigte, seine persönliche Bekanntschaft zu machen. Max gefiel ihm so, daß er ihm den Antrag tat, mit ihm an seinen Hof zu gehn und als Freund bei ihm zu leben. Der junge Mann war reich, bedurfte also eigentlich des Fürsten nicht, liebte aber rauschende Freuden, fand sich durch den Antrag geschmeichelt, dachte: »Ei nun! wenn dir's dort nicht mehr ansteht, so gehst du wieder heim«; nahm also das Erbieten an und reisete mit dem Fürsten ab. Dieser war empfänglich für

alles Gute, aber lebhaft, sinnlich, und also auch leicht zu Schritten zu verleiten, welche Klugheit und Vorsicht nicht immer gutheißen konnten. Max gewann bald ganz sein Herz, und nun drang der Fürst in ihn, sich eine Stelle im Lande zu wählen, die nach seinem Geschmacke wäre; allein Max setzte seinen Stolz darein, ohne allen Eigennutz (die befriedigte Eitelkeit abgerechnet) bloß der Freund und Ratgeber des Fürsten zu sein und am Hofe ein freier Mann zu bleiben. In die einzelnen Regierungsgeschäfte mischte er sich gar nicht; diese blieben den Händen alter, treuer Räte anvertrauet, indes er mit dem Fürsten den Becher der Freude ausleerte. Sie schienen nur daran zu denken, die schönen Jahre der Jugend nicht ohne Genuß vorbeistreichen zu lassen. Der Fürst streifte auf Maxens Rat allen Zwang, allen falschen Glanz des Hofes ab; sie lebten wie jovialische Jünglinge, ohne Sorge und ohne Rücksicht auf das, was das Volk davon dächte, ein lustiges, freies Leben. Doch muß man es Maxen zum Ruhme nachsagen, daß er damals den guten Fürsten nie zu groben Ausschweifungen noch zu verderblichem Aufwande verleitete, sondern vielmehr sein Herz in der Stimmung erhielt, alles dazu beizutragen, was er konnte, um in seinem Lande jedermann so froh und heiter zu machen, wie er und sein Freund waren. Wenn daher ernsthafte Leute zuweilen den Kopf über einen Verstoß gegen Anstand und Würde schüttelten, so war doch wohl nicht einer da, der über Druck, Ungerechtigkeit oder Erpressung geseufzt hätte.

Nach und nach rückte nun aber das männliche Alter heran; Max wurde des müßigen, bloß der Freude gewidmeten Lebens müde, beschloß, seine bisherige Rolle gegen die des Geschäftsmannes zu vertauschen, um, wie man denken kann, auch in dieser zu glänzen, hervorzustechen, und auch seinen Fürsten zu bereden, sich der Regierungsgeschäfte selbst tätig anzunehmen. Max war aber nicht gemacht, um irgendwo eine untergeordnete Person vorzustellen, nicht gemacht, der zweite, sondern der erste zu sein. Er ließ sich also, obgleich mit sehr mäßiger Besoldung, an die Spitze stellen, ergriff gleich die Zügel allein, schob die alten Räte leise auf die Seite und – regierte. Hier nun zeigten sich sein lebhaftes, außerordentliches Genie und sein Scharfsinn in ihrer ganzen Stärke. Es war zu erwarten, daß Neid und Kabale gegen ihn wirksam werden würden, daß er, der bis dahin sich um die Landesverfassung wenig bekümmert, keine Erfahrung und keine Gewandtheit in dieser Art von Geschäften hatte, manche Blöße geben würde. Um dies zu vermeiden, spannte er die Kräfte seines Geistes aufs äußerste an, studierte alle Zweige der Regierungskunst, die ältern Gesetze, Verordnungen und Gewohnheiten des Landes, drang in die kleinsten Details aller Departements ein, und das alles mit einem eisernen Fleiße, der seinen Ruhm unvergeßlich gemacht haben würde, wenn er hätte dauern können. Binnen kurzer Zeit beschämte er in Kenntnis des Landes und der einzelnen Fächer sowie in Fertigkeit im Arbeiten die ältesten und erfahrensten Geschäftsmänner und erwarb sich große Achtung. Von der andern Seite wurden seine Feinde und Neider an ihm zu Wohltätern, denn sie nötigten ihn, unaufhörlich auf sich selbst Achtung zu geben, damit er sie beschämen und alles Unrecht auf sie wälzen möchte. Dabei ermunterte er seinen Fürsten zu gleicher Tätigkeit und Treue in Erfüllung seines Berufs. Jetzt fing ein goldenes Zeitalter für das Land an; unparteiische Gerechtigkeit, Beförderung des Wohlstands, der Kultur, der Sittlichkeit, vernünftige Sparsamkeit am Hofe, Fleiß, Ordnung, väterliche Sorgfalt, Teilnahme – kurz! was nur von einer weisen und redlichen Verwaltung gefordert werden kann, war der Gegenstand der eifrigsten Bemühungen des Fürsten und seines Ministers. Und weil sie nun das innere Zeugnis ihres Gewissens vor sich, dabei den besten Willen hatten und von der Zweckmäßigkeit ihrer Maßregeln überzeugt waren, so scheueten sie auch nicht das öffentliche Urteil; jedermann durfte über alle Gegenstände denken, reden und schreiben, was ihm beliebte. *Ehemals also waren die Untertanen frei und glücklich gewesen, weil der Liebling ihres Regenten dem Vergnügen nachjagte, in seiner jovialen Laune auch andern Leuten frohe Tage gönnte, und die, denen die Arbeit übertragen wurde, redliche Männer waren. Jetzt herrschten Zufriedenheit und Wohlstand im Lande, weil denselben Liebling die Regierungslust angewandelt war und er das Ding gern so treiben wollte, daß er Ehre davon hätte.*

Allein bald nahmen die Sachen eine andre Wendung. Der Ruf von des Fürsten und seines Ministers Weisheit, Gerechtigkeit und Güte breitete sich aus und entflammte in ihnen Ehrgeiz und Ruhmsucht. Je länger sie sich mit den Regierungssorgen beschäftigten, um desto mehr sehnten sie sich nach einem größern Wirkungskreise. Ihr Ländchen schien ihnen ein gar zu kleiner Schauplatz für ihre Talente; sie begannen daher, sich in die größern europäischen Händel zu mischen, und trieben auch dies mit Erfolg und Ehre. Hierdurch wurde aber leider! die Begierde in ihnen rege, größer zu scheinen, als sie waren, auch durch äußern Glanz die Augen auf sich zu ziehn und neue Gegenstände für ihre Tätigkeit aufzufinden. Dies verleitete dann zu manchen kostbaren Spielereien, zu teuern Spekulationen, zu weit aussehenden Unternehmungen und zu einem Aufwande, der nicht immer den Einkünften angemessen war. Zwar blieb man im Ganzen seinen Systemen noch so ziemlich treu; doch wurde die Sorgfalt für den Flor des Landes lauer, und die Untertanen hatten hie und da Ursache zu klagen – warum? *weil der Herr Minister anfing, äußern Glanz und Prunk zu lieben.*

So verstrichen einige Jahre, und nun wurde auf einmal dies Genie des ganzen Regierungswesens und der trocknen

Arbeit müde. Seinem fürstlichen Freunde ging es ebenso. Beide überließen jetzt die Geschäfte wieder andern Leuten, befriedigten ihren Geschmack an allerlei Liebhabereien; der Minister widmete seine Stunden den schönen Künsten und Wissenschaften und ging auf Reisen; der Fürst verzehrte große Summen außer Landes; die Untertanen fingen an, in der Stille zu seufzen, und hatten Recht, unzufrieden zu sein – *weil der Herr Minister der Geschäfte müde war und nur für seinen sinnlichen Genuß lebte.*

Endlich kamen beide, Herr und Diener, wieder in die Residenz zurück; allein nun wollte die Arbeit gar nicht mehr schmecken. Besonders ergab sich der Liebling gänzlich der Üppigkeit und dem Wohlleben; man opferte den sinnlichen Freuden alles auf und wollte doch nicht vom großen Schauplatze abtreten. Man hatte im Auslande harte, despotische Grundsätze angenommen, die nun in Ausübung gebracht wurden, und weil das Gewissen immer Vorwürfe über Vernachlässigung der heiligsten Obliegenheiten machte und man doch nicht guten Willen und Kraft genug hatte, wieder zu seiner Pflicht zurückzukehren, so wollte man sich und andre übertäuben, wollte den Tadlern den Mund stopfen, verlor Seelenruhe und Zutraun zu andern, an deren Stelle Furcht vor Empörungen und Mißtraun traten, und schränkte desfalls Denk-, Rede- und Preßfreiheit auf alle mögliche Weise ein. Jetzt war endlich das Land, unter der Regierung eines in der Tat edeln und guten Fürsten, dennoch sehr unglücklich, und das darum, *weil der Herr Minister keine Tugend und kein reines Gewissen hatte.*

Meine Leser werden es mir, wie ich hoffe, verzeihn, daß ich mich ein wenig lange bei dieser Schilderung aufgehalten habe. Sollte auch die ganze Geschichte erdichtet sein (und sie ist es wenigstens zum Teil), so kann doch dies Beispiel zeigen, wie abhängig das Wohl ganzer Völker von den Leidenschaften und Privatabsichten derer, die am Ruder sitzen, werden kann. Ich kehre izt zu meinem Hauptgegenstande zurück.

43. Man würde gar nicht erdigen können, wenn man alle Fälle namhaft machen wollte, bei denen sich der Einfluß eigennütziger Rücksichten in die Einrichtungen und Geschäfte des bürgerlichen Lebens offenbart. Nur noch etwas über diesen Gegenstand! Wie wenig Länder findet man, in welchen dasselbe erwiesene Verbrechen ebenso strenge untersucht und bestraft wird, wenn der Schuldige ein angesehener, gefürchteter, reicher, mächtiger Mann, als wenn er ein armer, unbedeutender, unwichtiger Mensch ist? Wie hat man nicht gegen den guten, edeln Kaiser Joseph geschrien, weil er diesen Unterschied, bei welchem die höhern Stände ihren Vorteil haben, aufheben wollte? Wie wenig Länder findet man, in welchen man nicht mit großen Geldsummen sich der öffentlichen Ahndung der Gesetze entziehn, Dispensationen erhandeln und nicht, auf grobe oder feinere Weise, sich Impunität erkaufen könnte? Herrscht nicht fast allgemein ein stillschweigender Vertrag unter den vornehmern Klassen, sich einander das Privilegium zuzusichern, gewisse Laster öffentlich, mit Anstande, begehn zu dürfen, wegen welcher den gemeinen Mann die Gesetze verdammen? Wo in der Welt gelten nicht die alten Sprichwörter: »Eine Hand wäscht die andre; eine Krähe kratzt der andern die Augen nicht aus« und: »Kleine Diebe hängt man; große läßt man laufen«? Wo findet nicht der Reiche Mittel, den Gang der Justiz zu hemmen oder seinen Gegner zu ermüden, zu erschöpfen und abzuschrecken? Wo findet der von einem mächtigen, furchtbaren Großen gedrückte Arme sichern Schutz, wirksame Verteidigung? Welcher Sachwalter sucht sich nicht behutsam von Prozessen loszumachen, die wenig Bezahlung versprechen oder wobei es darauf ankommt, einen Bösewicht von Wichtigkeit anzugreifen? Wo

wagt es die allgemeine Stimme, den Ruf eines unschuldigen Mannes zu retten, wenn dieser von Leuten verfolgt wird, deren Hände Ämter und Würden, Schätze, Recht und Gerechtigkeit austeilen können? In welchem Lande trägt verhältnismäßig der reiche, in Üppigkeit lebende Müßiggänger so viel zu den Staatsbedürfnissen und öffentlichen Abgaben bei wie der, welcher im Schweiße seines Angesichts sein Brot verdienen muß? – Kurz! wo sichert sich nicht der Eigennutz der Stärkern, mit Gewalt oder List, auf Unkosten der Schwächern, gewisse Vorteile, Vorrechte und Exemtionen zu? Und gehen wir genauer die Reihen der einzelnen Stände durch, so sehen wir aller Orten den Eigennutz seine Tätigkeit ausüben.

44. Man pflegt vor allen den Dienern der verschiedenen Kirchen die Habsucht schuld zu geben. Dieser Vorwurf wird oft von Verächtern des geistlichen Standes auf übertriebene Art ausgedehnt. Mit Grunde kann man ihn jedoch wohl freilich, sowenig wie andre Stände, ganz davon freisprechen. Und doch ist sein Los nicht das schlechteste im Staate. Ein Kandidat, der die gewöhnliche Zeit auf Universitäten und dann einige Jahre als Hauslehrer zugebracht hat, gelangt oft, bei sehr geringen Gaben und Kenntnissen, viel früher zu einer sichern Versorgung als der Rechtsgelehrte, Arzt und Kriegsmann. Da trägt ihm dann wohl auch die mittelmäßigste Pfarre, für eine ziemlich bequeme Arbeit, soviel ein, daß, wenn man freie Wohnung, Garten, Feld, Wiese, Zehnten u. dgl. und den geringen Aufwand, den ein ländlicher Aufenthalt erfordert, mit in Anschlag bringt, mancher lange Jahre durch in Diensten gestandene Rat eines hohen Collegiums, der in der teuren Stadt nur mit Mühe von seiner kleinen Besoldung sich und die Seinigen standesmäßig ernähren kann, gern mit ihm tauschen würde. Und doch klagt jener fast immer und pflegt nicht sehr bereitwillig zu sein, die geringste außerordentliche Arbeit unent-

geltlich zu übernehmen. Übrigens aber wäre es dann auch sehr zu wünschen, daß man die Herrn Prediger aller Orten auf feste, sichre, billige Besoldungen setzte und ihnen die einem Gelehrten und Geistlichen wirklich übel anpassenden Landbaugeschäfte abnähme, damit sie nicht gezwungen würden, beständig den Geldgewinn vor Augen zu haben, die unwürdige Akzidenzienjagd zu treiben, den reichern Mitgliedern ihrer Gemeinde zu schmeicheln, zu manchem stillzuschweigen, was sie, vermöge ihrer Amtspflicht, rügen sollten, und zuweilen in den Familien Rollen zu übernehmen, die sich nicht für sie schicken.

45. Wenden wir unsern Blick auf die Ärzte, so finden wir unter ihnen leider! auch Männer, die den ärmern Kranken vergebens auf sich warten und nach Hilfe seufzen lassen, indes sie in die Paläste der Großen die Stadtneuigkeiten umhertragen und den reichen Schlemmern Digestivpulver verschreiben; Männer, die bei kleinen Übeln bedenklich den Kopf schütteln und die Kuren vorsätzlich in die Länge ziehen, um desto größern Gewinn und mehr Ruhm davon zu haben; Männer, deren Rezepte so eingerichtet sind, daß ihr Freund, der um Neujahr sich dankbar bezeugende Apotheker, wenigstens größern Nutzen davon hat als der Leidende, der das Verschriebene verschlucken muß; Männer endlich, die ihre redlichen Amtsbrüder auf alle Weise verleumden und verdächtig machen, um ihnen ihre Kunden abzujagen. – Wie wenige gibt es dagegen, die dem edeln Greise gleichen, dem dies Buch gewidmet ist, oder dem wohltätigen Menschenfreunde, dem ich seit vier Jahren Linderung meiner peinlichen Schmerzen und so manchen sanften, tröstenden Zuspruch zu verdanken habe, oder dem guten, hellsehenden, liebenswürdigen Manne, der im Frühlinge dieses (1795sten) Jahrs, als ich an einem fremden Orte, aller Pflege und Gemächlichkeit beraubt, fern von

den Meinigen, mit Krankheit und Sorgen kämpfte, an Leib und Seele mich stärkte, ermunterte, für mich, ihm gänzlich Unbekannten, wie für einen alten Freund sorgte und mir mit Rat und Tat auf vielfache Weise beistand! – Leser, deren Herzen das Gefühl der Dankbarkeit nicht fremd ist, werden mich darum nicht tadeln, weil ich ihr hier im Vorbeigehn ein kleines, gut gemeintes Opfer gebracht habe. – Jetzt aber lenke ich wieder ein.

46. Unter allen Ständen sollte man vielleicht den Kaufleuten am wenigsten Vorwürfe über den Eigennutz machen. Ihre ganze bürgerliche Existenz beruht auf Geldgewinn, und von Jugend auf werden sie daran gewöhnt, die Dinge in dieser Welt mehr nach ihrem baren Kurrenten als nach ihrem wahren innern Werte zu schätzen. Im Grunde, und da doch jeder, der nicht durch Erbschaft reich ist, auf irgendeine Weise, wenn er leben will, nach Erwerb trachten muß, liegt kein großer Unterschied darin, ob man Geld gegen Arbeit und gegen Dienste irgendeiner Art eintauscht, wie der Geschäftsmann und andre Stände im Staate dies tun, oder gegen Waren, wie der Kaufmann. Und was den Nutzen betrifft, den dieser Stand dem gemeinen Wesen stiftet, so läßt sich dieser nicht ableugnen. Solange die Menschen physische und ökonomische Bedürfnisse haben, muß es Leute geben, die ihnen die Mittel zu Befriedigung dieser Bedürfnisse in die Hände liefern. Daß diese Leute für die Sorgfalt, welche sie darauf verwenden, solche Mittel herbeizuschaffen, wieder so viel einnehmen wollen, daß sie nun auch ihre und der Ihrigen Bedürfnisse befriedigen können, das ist sehr billig. Ebenso billig ist es, daß sie sich bestreben, auf die leichteste Weise dieses Vorteils teilhaftig zu werden, und daß sie für ihre Bemühungen soviel zu erhalten suchen, als ihnen die Personen, mit denen sie Handel treiben, zu geben bereit sind. Bei jedem Handel liegt ein frei-

williger Vertrag zum Grunde, und es wird vorausgesetzt, daß beide Teile den Wert der Sache kennen müssen, über deren Auslieferung sie den Vertrag schließen. Auch kann man es den Kaufleuten nicht zum Verbrechen anrechnen, wenn sie sich die Zeitumstände, die Konjunkturen, zunutze machen und ihr Augenmerk auf solche Artikel richten, die grade jetzt auf der Tagesordnung der Bedürfnisse stehen. Sieht man ferner auf den entferntern Nutzen, den die Kaufmannschaft im Großen stiftet, indem sie die gesellige Verbindung unter fern voneinander wohnenden Völkern, die Länderkunde, die Bekanntschaft mit fremden Produkten und der Natur überhaupt, den Umlauf mancher nützlichen Kenntnisse, die Ausbreitung der Kultur, der Industrie, des Fleißes, der Tätigkeit und die Vervollkommnung der Künste befördert, so erscheint dieser Stand in der Tat in einem ehrwürdigen Lichte. Mit dem Bestreben, durch Handel und Umsatz so viel zu erwerben, als sich nach den Umständen tun läßt, kann übrigens die Ausübung jeder andern Menschenpflicht, können Weisheit und Tugend sehr wohl bestehn. Ich kenne Männer unter den Kaufleuten, welche die Stunden, die ihnen ihre Berufsgeschäfte übrig lassen, verwenden, ihren Geist auszubilden und ihren Nebenmenschen und dem Vaterlande auf die uneigennützigste Weise mit Rat, Hilfe und Trost beizustehn; Männer, die, wo ein Schilling durch Handel zu gewinnen ist, und wäre es von ihrem eignen Vater oder Bruder, die Gelegenheit dazu nicht entwischen lassen, dagegen aber großmütig, und oft ohne daß jemand es erfährt, wer der unbekannte Wohltäter ist, Tausende hingeben, um nützliche Anstalten zu befördern, Talente zu ermuntern und die Not armer Brüder zu erleichtern. Ich kenne deren vorzüglich hier und in Hamburg, die deswegen jedes rechtschaffenen Mannes Verehrung verdienen. Allein sehr verschieden von diesen Freunden des Menschengeschlechts ist der gemeine Troß habsüchtiger

Wucherer, die durch die Not ihrer Mitbürger zu Reichtum und Wohlleben gelangen, die durch Aufkauf und andre lose Künste erst die Bedürfnisse erregen, welche zu befriedigen sie sich dann ausschließlich die Mittel in die Hände zu spielen wissen, um nach Willkür einen Preis setzen und, zum Drucke der Armut, künstliche Teuerung erregen zu können, sooft es ihnen gefällt. Solche Menschen haben jedes bessere Gefühl abgeschworen, haben für nichts Sinn, wissen von nichts zu reden, an nichts zu denken als an den elenden Mammon. Ihr Hochmut kennt keine Grenzen; ihr geschmackloser Aufwand, ihre langweiligen Schmausereien, bei welchen nicht echte Jovialität und Gastfreundschaft, sondern Prahlerei und Unmäßigkeit herrschen, hinter denen zuweilen noch wohl obendrein Geiz und Knauserei hervorschimmern, das alles ist empörend, drückend, zurückstoßend. Sie schätzen den Mann nicht nach seinen echten Verdiensten, sondern nach dem Gewichte seiner Geldsäcke. *An seiner Ehre leiden* heißt bei ihnen, wenig Kredit haben; *der Mann ist gut,* das bedeutet soviel als: er hat Geld; *ein Freund,* das will in ihrem Munde soviel sagen als: ein Mensch, mit dem man Handel treibt; *solide,* das drückt soviel aus als: in guten Vermögensumständen. Endlich, wenn sie Wohltaten ausspenden, so geschieht es entweder mit solchem Geräusche, daß es Aufsehn erregen muß und ihr Kredit, der Ruf ihres Reichtums dadurch ausgebreitet wird, oder in der abergläubischen Spekulation, daß ihnen der Himmel dies Almosen mit tausendfältigen Zinsen ersetzen solle. Und so ist überhaupt ihre ganze Frömmigkeit und anscheinende Bonhomie Spekulation, um Vertraun einzuflößen und Himmel und Erde zu bestechen.

47. Von noch niedrigerer und verächtlicherer Art als der Wuchergeist dieser Leute ist der Eigennutz der mehrsten Juden. – Ich sage: *der mehrsten,* denn daß man auch sehr edle,

große Menschen unter dieser Nation finden könne, wird gewiß nicht geleugnet werden dürfen. Ein Schriftsteller, welcher über die moralischen Gebrechen der verschiedenen Stände und Klassen schreibt, sollte zwar eigentlich dergleichen Verwahrungen gegen ungerechte Deutungen und gegen zu allgemeine Ausdehnung seiner Sätze gar nicht bedürfen. Billigdenkende und verständige Leser werden ja ohne seine Erinnerung einsehn, daß bei allen Bemerkungen über herrschende Tugenden und Laster Ausnahmen stattfinden; aber freilich, da nicht alle Leser billigdenkend und verständig sind, so kann es nicht unnütz sein, diese Erklärung hinzuzufügen, die dann auf den ganzen Inhalt dieses Buchs angewendet werden mag.

Daß die drückende Behandlung, welche die Juden in so vielen Ländern leiden müssen, und die Härte, mit welcher man ihnen alle Mittel raubt, anders als durch kleinen, niedrigen Wucher ihren Unterhalt zu finden, mit Schuld an der Herabwürdigung ihres Nationalcharakters sei, das ist schon oft gesagt worden. Es ist aber auch gewiß, daß sie sich, durch ihre Anhänglichkeit an ein zu den jetzigen Zeiten und Umständen gar nicht passendes Zeremonialgesetz, selbst die Wege abschneiden, zu bürgerlichen Geschäften besserer Art zu gelangen. Die Folge davon ist, daß Eigennutz und Habsucht bei ihnen jedes andre Gefühl ersticken. Sie haben für sonst nichts Sinn; Tag und Nacht werden sie von der Begierde beherrscht, auf Kosten andrer etwas zu gewinnen, und da scheuen sie dann keine Mühe, keine Wege, keine Demütigung, keine Gefahr, um durch Mittel, sie mögen sein, von welcher Art sie wollen, ihren Zweck zu erreichen, möchte auch der Vorteil noch so gering ausfallen. Bei dem bloßen Anblicke klingender Münze funkeln ihre Augen, ziehen sich ihre Finger krampfhaft zusammen. Es ist Wonne für sie, Geld zu zählen und zu handhaben, selbst wenn es nicht ihr Eigentum ist. Man kann auch durch Juden, wenn man ihre Dienste bezahlt, Dinge, selbst in den entferntesten Gegenden, durchsetzen, wozu der Christ keinen Rat zu schaffen weiß. Bei solchen Gelegenheiten unterstützen sie sich einander, machen, wenn sie auch übrigens Todfeinde sind, gemeinschaftliche Sache mit einem Eifer, mit einer Verleugnung, die edlerer Zwecke würdig wäre. Diese, der jüdischen Nation eigene Richtung auf den einzigen Punkt des Gewinns und die Lebhaftigkeit, Tätigkeit und Wachsamkeit, welche sie dabei zeigen, offenbart sich nun auch in ihrem ganzen äußern Betragen, in dem Tone ihrer Unterhaltung, in ihren Manieren, in den Wendungen, die ihr Witz nimmt, und vorzüglich bei dem Spiele, wobei niemand so merklich die Abwechselungen der Leidenschaften zeigt wie der Jude. Auch können sie sich gar nicht einbilden, daß ein Mann aus ihrer Nation irgendein Geschäft übernehmen könne, ohne die Absicht zu haben, baren Gewinn daraus zu ziehn. Im siebenjährigen Kriege vertraute ein gut denkender Kaufmann in Berlin einem Juden eine Summe Geldes in schlechter Silbermünze, ohne Zinsen, an, in der Absicht, daß dieser dadurch in den Stand gesetzt würde, etwas im Handel zu unternehmen. Die Bedingung war, daß er ihm das Geld vor Ablauf eines Jahrs, in Golde, nach dem damaligen Kurs, erstatten sollte. Der Jude behielt aber die Summe länger als zwei Jahre und bezahlte dann nach dem unterdessen sehr gefallenen Werte der Münze. Als nun der Kaufmann sich darüber beklagte, antwortete sein Schuldner: »Ei mein Gott! soll ich denn an Ihnen nichts verdienen?« Er wollte also sogar für die Gefälligkeit bezahlt sein, die *ihm* war erwiesen worden.

48. Meine Herrn Mitbrüder in der Schriftstellerei mögen es mir verzeihn, daß ich unmittelbar nach den Betrachtungen über den Wucher der Juden meine Bemerkungen über den Eigennutz der Büchermacher folgen lasse. Es geschieht lediglich deswegen, weil ich zum Schlusse dieser Hauptabteilung eile

und die noch übrigen Gegenstände nicht wohl in eine andre Verbindung gebracht werden können, als worin sie durch die allgemeine Hinsicht auf den Eigennutz stehen, der in allen Ständen seine Wirkungen äußert.

Billig sollte der Beruf, durch Schriftstellerei nützliche Kenntnisse über sein Zeitalter und über die Nachwelt zu verbreiten, für zu heilig gehalten werden, als daß man dabei auf Geldgewinn Anspruch machte. Man sollte Weisheit und Witz, Wahrheit und Lehre nicht wie eine feile Ware betrachten, die man ausbieten, vertrödeln und gegen Barschaft und Brot umsetzen kann. Auch habe ich schon oft den Wunsch geäußert, es möchte jeder Schriftsteller zugleich ein bürgerliches Amt im Staate bekleiden und das Bücherschreiben nicht wie seinen einzigen Nahrungszweig betrachten müssen. Wissenschaften und Literatur würden, wie ich glaube, dabei gewinnen, und der Gelehrte würde mit mehr Lust arbeiten, wenn er diese Arbeit zur Erholung von weniger angenehmen Geschäften, in freien Stunden, bei der besten Laune, vornehmen könnte. Doch da der Erfüllung dieses Wunsches manches im Wege steht und es dann dem schreibenden Gelehrten, sowenig wie irgendeinem andern Manne, der seine Kräfte dem gemeinen Besten widmet, zugemutet werden kann, daß er dabei Mangel leide, so sehe ich nichts Entehrendes und Unwürdiges darin, wenn ein solcher, nicht als Kaufpreis für seine Geistesprodukte, sondern zur Entschädigung für den Aufwand der Zeit, die er außerdem anwenden müßte, um sich auf andre Weise Unterhalt zu verschaffen, von dem lesenden Publikum oder mittelbar durch einen Buchhändler sich eine billige Vergütung bezahlen läßt. Er soll aber den Gewinn nicht zur Hauptsache, das Gute hingegen, welches er durch Verbreitung nützlicher Wahrheiten stiften kann, zum Nebenzwecke machen. Er soll nicht, wenn er schon eine ansehnliche Summe mit einem Buche erworben hat und nun vielleicht ein hungriger Nachdrucker (eine freilich nicht sehr ehrliche Hantierung!) auf sein Werk Jagd macht und ihm dadurch die Aussicht raubt, durch eine zweite Auflage ohne große Mühe abermals Geld zu ziehn, so fürchterlich toben, wie manche Herrn tun, die in der Tat mit dem ersten Ehrensolde recht wohl vorliebnehmen könnten. Er soll nicht, wenn er sich durch ein Werk von Bedeutung Verdienst und einen Namen erworben hat, mit diesem berühmten Namen wuchern und ihn dadurch herabwürdigen, daß er unter einer Firma, die nun einmal des Kredits sicher ist, der Lesewelt lose, schlechte Ware aufhängt, von deren Nichtswürdigkeit er selbst überzeugt sein muß.

Eine noch verächtlichere Art von schriftstellerischem Wucher äußert sich bei solchen Leuten, die, mit allen Talenten zu einer edlern Beschäftigung ausgerüstet, aus dem verderbten Geschmacke des Publikums Vorteil ziehen und literarische Modeartikel liefern, die jeden Mann von reinerm Gefühl anekeln; Leute, die dann, wenig bekümmert um echten Geschmack und Sittlichkeit, die Messen bald mit Ritter-, Geister- und Ordensmärchen, bald mit Romanen voll matter Empfindelei, bald mit mystischem Unsinne, je nachdem grade die eine oder die andre dieser Torheiten im Schwange geht, überschwemmen.

Am schändlichsten aber offenbaren diejenigen Schriftsteller ihren Eigennutz, die, wider bessere Überzeugung, an der Wahrheit zu Verrätern werden, sich zu niederträchtigen Schmeichlern irgendeiner herrschenden Partei herabwürdigen, die böse Sache verfechten, Irrtümern oder Vorurteilen das Wort reden, um sich dadurch bei denen beliebt zu machen, von denen sie Vorteile im bürgerlichen Leben erwarten; feile Skribler, die offenbare Tatsachen entstellen, die, um ihr eignes oder ihrer Beschützer Privatinteresse zu befördern, nicht nur das, was nützt und frommt und zu sagen Bedürfnis und Pflicht wäre, verschweigen, sondern, unbekümmert um das

Wohl der Menschheit, dem Rechte, der Vernunft und der Aufklärung Hohn sprechen und freimütige Männer, denen es am Herzen liegt, Ruhe, Frieden und Glück zu verbreiten und betrogenen Großen die Augen zu öffnen, wütend verfolgen. Doch lasset uns lieber von diesen verächtlichen Gegenständen schweigen, von denen es schwer ist, ohne einige Bitterkeit zu reden, die doch dem sittlichen, gesitteten Schriftsteller nicht ziemt!

49. Von dem Eigennutze der Künstler, Schauspieler, Tonsetzer und Virtuosen ist wenig zu sagen. Da diese Männer, wenn sie es nicht schon zu einem gewissen Grade von Wohlstand, Ansehn und Gewicht gebracht haben, in der Tat in Deutschland nicht wohl fortkommen können, ohne sich nach dem herrschenden Geschmacke zu richten, der selten der reinste ist, so darf man schwerlich für sie einen andern Vorwurf daraus hernehmen als höchstens den, warum sie ausschließlich eine Lebensart wählen, die sie abhängig von dem vornehmen und geringen Pöbel macht und wobei sie sich zu Schritten herablassen müssen, wodurch sie fremde und eigne Achtung verscherzen. Um desto tadelnswürdiger aber sind diejenigen unter den Künstlern, welche durch ihre äußern Umstände zu einer solchen niedrigen Gefälligkeit nicht gezwungen sind und die dennoch die entehrenden Rollen von Spaßmachern, Beförderern der Barbarei oder Schmeichlern der Großen freiwillig übernehmen.

50. Von der Gewinnsucht der Buchhändler gilt ein Teil dessen, was über den Eigennutz der Kaufleute, und etwas von dem, was über das Schriftstellerunwesen ist gesagt worden. Indessen ließe sich noch manches hinzufügen, was allein auf diesen Stand paßt, z. B. von der Art, wie man nichtsbedeutende Werke durch bizarre Titel, durch hochtönende Ankün-

digungen, Lobpreisungen und selbstgemachte Rezensionen oder durch bunte Bilderchen, durch untergeschobene Namen berühmter Männer, die man als Verfasser angibt, durch Verschweigung des Umstandes, daß ein Buch nur eine Übersetzung ist, durch Vorreden, welche man von beliebten Schriftstellern fabrizieren läßt, durch falsches Vorgeben, als wenn diese Ausgabe schon eine neue und vermehrte Auflage wäre, und durch andere dergleichen Künste verkäuflich zu machen sucht. – Allein ich gehe über diese Dinge hinaus, um nicht zu weitläufig zu werden.

51. Wie wenig der größere Haufen der Menschen geneigt ist, seinen niedrigen Eigennutz der Wohlfahrt des Staats und der gesamten Menschheit zum Opfer zu bringen, das offenbart sich am deutlichsten dann, wenn von Abschaffung verjährter, drückender Mißbräuche, von Bekämpfung gewisser Vorurteile, bei welchen aber einzelne Klassen bis dahin ihre Rechnung gefunden haben, die Rede ist. Wie wäre es auch sonst möglich, daß Leibeigenschaft, Sklavenhandel und manche andre unnatürliche Einrichtungen dieser Art in unserm erleuchteten Jahrhunderte noch Verteidiger finden können? Nicht immer liegt das Interesse, weswegen zuweilen selbst für einsichtsvoll geltende Menschen die Partei einer bösen Sache ergreifen, so nahe vor Augen, daß man es deutlich gewahr wird. Man kann es sich, bis man reiflicher über diese Erscheinung nachgesonnen hat, gar nicht vorstellen, was für andre Bewegungsgründe als ihre innere Überzeugung sie haben könnten, dergleichen Unfug in Schutz zu nehmen; ja! oft mögen sie selbst sich der heimlichen unedlen Triebfedern nicht bewußt sein, die auf ihr Urteil wirken. Allein man denke genauer darüber nach, und es wird alles klar werden. Manche Leute fürchten nicht so sehr diese oder jene Reform als vielmehr die entferntern Folgen derselben. Andre besorgen, wenn

gewisse Mißbräuche und Vorurteile, bei denen sie weder gewinnen noch verlieren, ausgerottet würden, so möchte auch die Reihe an solche kommen, die sie näher angehen. Noch andre hängen aus Gewohnheit, Gemächlichkeit, Trägheit alten Einrichtungen und Gebräuchen an und scheuen die Mühe, sich in die neue Ordnung der Dinge schicken zu müssen, fühlen es auch vielleicht, daß sie hier weniger glänzen werden. Dies ist besonders oft bei kirchlichen, Polizei-, Schul- und Justizverbesserungen der Fall, wenn die Regierungen dergleichen verfügen.

Den größten Schauplatz aber hat der Eigennutz in unsern Tagen sich bei Gelegenheit der französischen Revolution eröffnet. Da hat man seinen Einfluß nicht nur auf die Hauptpersonen, sondern auch auf die nahen und entfernten Zuschauer und Beobachter, auf die schriftlichen und mündlichen Beurteiler, deutlich wahrgenommen. Man darf wohl behaupten, daß diese merkwürdige Begebenheit ein allgemeiner Probierstein gewesen ist, indem wenig Menschen, in den kultivierten und unkultivierten Ständen, unterlassen haben, bei dieser Veranlassung irgendeine verborgene Falte ihres Charakters zu entwickeln und zu zeigen, wie sie es mit der Menschheit meinen. Wir haben gesehn, wie Habsucht, Herrschsucht und Rachsucht sich hinter der Maske des Patriotismus und des Eifers für das Wohl der Völker versteckten; wie da Ströme unschuldigen Bluts vergossen, ungeheure Schätze geraubt und verschleudert, ganze Generationen zugrunde gerichtet, die blühendsten Provinzen verheert, mit Religion, Gesetzgebung und Sittlichkeit freches Spielwerk getrieben wurde. Von einer andern Seite haben wir verschworene Rotten gesehn, die sich's zum Geschäfte machten, diesen gräßlichen Zustand noch zu verschlimmern und die Verwirrung fortdauern zu lassen, weil sie für ihre Partei dabei zu gewinnen und im Trüben fischen zu können glaubten. Andre Bösewichte haben diese Unruhen genützt, um sich wichtig und notwendig zu machen, haben unaufhörlich Lärm geblasen, haben ähnliche Greuelszenen in ruhigen Ländern vorherverkündigt, allgemeines Mißtrauen, Spaltungen, Zwist erregt und vor heimlichen Verschwörungen gewarnt, um anders Gesinnten, gegen die ihre Rachsucht entflammt war, die ihren geheimen Absichten im Wege standen, ihre Bosheiten entdeckt hatten, Verfolgungen, Schmach und Unglück zu bereiten. Wir haben aber auch unruhige Köpfe, Abenteurer, ränkesüchtige, wegen ihrer geistigen oder sittlichen Unwürdigkeit nach Verdienst von den Regierungen zurückgesetzte Menschen diesen Zeitpunkt nützen gesehn, um in Staaten, in welchen Frieden, Wohlstand und Zufriedenheit herrschten, den Samen der Empörung auszustreuen, das Volk gegen gute und gerechte Regenten aufzuhetzen, in der Hoffnung, dann an die Spitze der Geschäfte treten und eine Rolle spielen zu können. Von einer andern Seite haben wir gesehn, wie der Haufen an Wohlleben und Müßiggang gewöhnter Menschen, deren ganze bürgerliche und ökonomische Existenz von der Verewigung gewisser Mißbräuche und Privilegien der Untätigkeit und Ungeschicklichkeit abhängt und die *nichts* mehr sein würden, wenn der Mensch nicht mehr gölte, als was er wert ist, wenn er nichts mehr erlangen und besitzen könnte, als was er verdiente und erwürbe, wie diese gezittert und durch Deklamationen gegen alle vernünftige und nicht vernünftige Reformen das Selbstgefühl ihrer Unbedeutsamkeit verraten haben. Endlich ist es dem feinern Beobachter gewiß nicht entwischt, wie wenig Menschen überhaupt in ihren Urteilen über jene ungeheure Umwälzung ganz frei von Parteilichkeit, von Heuchelei, von Furcht, von Rücksichten auf ihren Eigennutz, von leidenschaftlicher Übertreibung oder frei von andern offenbaren oder versteckten Nebenabsichten geblieben sind – trauriges Los der Menschheit, daß solche niedrige Beziehungen so oft, selbst in den Seelen der Bessern, den Eifer für das Wohl und für die Harmonie des Ganzen ersticken, daß zuweilen der bloße Gedanke der Möglichkeit, man könne dadurch etwas an seinen nichtigen Vorzügen verlieren oder gewinnen, uns abhält, sogar der Wahrheit, die man selbst anerkennt, zu huldigen, daß der Streit über Meinungen, die darauf auch nur entfernt hinweisen, die sanftmütigsten Herzen gegen einander zum Hasse und zur Verfolgung anreizt!

52. Diesen allgemeinen Hang aller Sterblichen nun, dem Eigennutze auf offenbare oder versteckte, grobe oder feine Art, auf Unkosten der höhern Pflichten, welche uns die reine Vernunft vorschreibt, Opfer zu bringen, haben schlaue Leute von jeher zu Erreichung ihrer versteckten Absichten zu nützen verstanden, und besonders hat ihnen in unserm Jahrhunderte der herrschend gewordene Geschmack an geheimen Bündnissen dazu vielfältig Gelegenheit gegeben. Die den Verführten vorgespiegelte Hoffnung des zu erwartenden Gewinns wurde hier das Mittel, den sichern Vorteil der Verführer zu befördern. Die Lockspeisen wurden nach den Umständen sehr verschieden zugerichtet. Hier trat eine Gesellschaft von Männern auf, die in einer barbarisch-mystischen Sprache, welche den Profanen unsinnig vorkam, der die Geweiheten aber, wie sie versicherten, die erhabenste Deutung zu geben verstanden, ihren Schülern nichts Geringers versprachen als den Unterricht in der Kunst, alle Metalle in Gold zu verwandeln, dem menschlichen Körper ewige Dauer und Jugendkraft zu verschaffen, mit höhern Geistern in vertrauten Umgang zu treten und durch sie die dunkle Zukunft zu enthüllen. In der Erwartung, bald in den Besitz dieser *überirdischen* Schätze zu kommen, ließen sich dann die Betrogenen leicht bewegen, einen Teil ihrer *irdischen* Güter den uneigennützigen Händen ihrer hochwürdigen Lehrer anzuvertrauen. Dort wurden vor-

witzige Menschen und die zu träge waren, sich den Studien zu widmen, welche den Geist und das Herz wirklich veredeln, durch die Hoffnung getäuscht, in dem Schoße eines aus dem Oriente herrührenden alten Ordens gewisser Überlieferungen aus der Vorwelt teilhaftig zu werden, die ihnen Aufschlüsse über das Universum geben und sie mit einer Weisheit erfüllen sollten, die alle übrigen Wissenschaften entbehrlich machte. Allein sie mußten vorerst Lehrgeld geben, welches jedoch, wie ihnen zugesagt wurde, nur zu wohltätigen Zwecken verwendet werden würde. Hier wurden ehrsüchtige Personen geringern Standes durch die Annehmlichkeit, mit Fürsten und andern Großen in geselliger, brüderlicher Verbindung zu stehn und durch diese Beförderung im bürgerlichen Leben zu erhalten, herbeigelockt und verleitet, ihre Geldbörsen in die Bruderkasse auszuleeren. Dort wurden Leute aus allerlei Ständen durch Tonsuren und Weihungen einem Priesterstande einverleibt, wobei man jeden Aufzunehmenden irgendeinen verborgenen Zweck, der seinen Phantasien, Neigungen und Wünschen schmeichelte, ahnen ließ, indes die Herrn Oberpriester wohl wußten, wozu sie einst dies Häuflein in Tätigkeit setzen wollten. Hier wurden Garköche, Gastwirte, Kanzellisten und Krämer zu Rittern geschlagen und schossen, durch den Glanz dieser neuen Würde angelockt, die Summen her, woraus für die hohen Obern Kommentureien errichtet werden sollten. Dort versprach ein gutmütiger politischer Schwärmer aus seinem Studierstübchen herab eine allgemeine Weltreform oder eine Universalmonarchie, zu welcher dann der enge Bund die Hauptrollen austeilen würde. – Durch diese und vielfache andre Mittel wurden ehrgeizige, habsüchtige, eitle, herrschsüchtige und neugierige Menschen angekörnt, die egoistischen Pläne einer kleinern Anzahl zu befördern, indem sie für sich selbst zu arbeiten glaubten. Es ist nicht schwer, alle solche Verirrungen des menschlichen

Geistes in einem komischen Lichte anzusehn, und vielleicht ist diese Art sie darzustellen wirksamer zu Hemmung ihres Fortganges als die ernsthaften Maßregeln, welche man hie und dort dagegen genommen hat. Die Widersprüche und Inkonsequenzen in dergleichen Systemen zerstören das Machwerk bald ohne äußere Mitwirkung, da hingegen wirkliche Verfolgungen selbst das loseste Band fester zu knüpfen und einen Gemeingeist zu erwecken pflegen, der zum Widerstande reizt. Doch haben diese Torheiten auch ihre sehr ernsthaften Seiten. Ich müßte mir selbst das Urteil sprechen (und wie viele unter meinen Lesern werden nicht, wenn sie ebenso aufrichtig sein wollen, bekennen müssen, daß auch sie etwas von der Art auf ihrem Gewissen haben!), ich würde, sage ich, mir selbst und manchem redlichen Manne das Urteil sprechen müssen, wenn ich behaupten wollte, alle Personen, welche sich mit solchen Bündnissen, sei es nun als Obere oder als Untergebene, befaßt haben, hätten niedrige, törichte, verwerfliche Absichten dabei im Hinterhalte gehabt – nein! Wißbegierde, erhitzte Einbildungskraft, nicht gehörig geordneter Tätigkeitstrieb, phantastische, nicht reiflich durchgedachte Pläne für das Wohl der Welt, Hang zur Geselligkeit und manche andre nicht tadelnswerte Rücksichten können auch sehr gut geartete Menschen auf solche Irrwege geleitet haben; nur muß man nicht widerstreiten, daß jedes geheime Bündnis gemißbraucht und ein Werkzeug zu Beförderung unedler Leidenschaften werden könne; nur muß der, welcher nicht mit Recht Verdacht auf sich laden will, beizeiten zurückkehren, wenn er seinen Irrtum einsieht, und sich nicht schämen, sondern es sich zur Pflicht machen, dies laut zu bekennen. Indessen hat die Vervielfältigung solcher geheimen Verbindungen viel Unheil gestiftet. Da eine jede von ihnen gern das Monopolium für ihre Zwecke erringen wollte, suchte eine mystische Gesellschaft die andre bei dem Publikum verdächtig zu machen. Dies artete bald in Privathaß gegen einzelne Personen aus, gab zu höchst ärgerlichen Auftritten Anlaß, bewirkte wütende Verfolgungen, vernichtete die Ruhe, den Ruf, die bürgerliche Glückseligkeit manches Unschuldigen, erregte allgemeines Mißtraun, wurde von übelgesinnten Leuten genützt, um rachgierige Absichten zu befördern und politische Erscheinungen damit in Verbindung zu bringen. Dies Unwesen dauert dann auch noch fort und macht Männern böse Stunden, die längst jene Ordenstorheiten aufgegeben haben.

53. So sind aber die Menschen; so waren sie immer; so werden sie stets sein, solange in ihnen die Sinnlichkeit mit der Vernunft kämpft, das heißt: solange sie Menschen sind. Der Anblick des nahe vor Augen liegenden Vorteils; die Hoffnung des augenblicklichen eiteln Genusses, der ihnen so reizend scheint, beschränkt ihren Gesichtskreis, hindert die gefesselte Vernunft, reifere Überlegungen über die entferntern, aber sicherern, wohltätigen oder schädlichen Folgen jeder Handlung für den Zusammenhang des Ganzen, wovon doch ihre eigne wahre Glückseligkeit unzertrennlich ist, anzustellen; und so opfern sie dann ihrem vermeintlichen Privatinteresse, opfern ihren nie zu befriedigenden, durch jeden Genuß stärker entflammten Leidenschaften und Begierden, die sich so reichlich belohnende Mitwirkung zum allgemeinen Wohl, besonders in Kollisionsfällen, nur gar zu leicht auf. Es ist Schwärmerei, von dem Menschengeschlechte im allgemeinen mehr fordern zu wollen, von einer stufenweise zu erwartenden Vervollkommnung unsrer Natur, solange wir hier auf Erden leben, und von einer über alle Stände sich verbreitenden höchsten Aufklärung der Vernunft zu träumen – es ist Schwärmerei, obgleich von sehr edler Art. Je höher in diesem oder jenem Zeitpunkte, in einzelnen Weltgegenden, die Kultur steigt, um desto gewisser vermehrt sich dann auch dort der Luxus; dieser erzeugt

und nährt vervielfältigte Bedürfnisse; diese reizen die Leidenschaften und Begierden, die befriedigt sein wollen, welches nicht anders als auf Kosten andrer geschehn kann. Das ist die Kettenreihe, die zum Egoismus und zum Eigennutze führt.

Allein die weise Vorsehung, die jeden Mißlaut in der Natur zur Auflösung in den allgemeinen Einklang vorzubereiten versteht und dafür gesorgt hat, daß selbst die anscheinenden einzelnen Unvollkommenheiten zur Vollkommenheit des Ganzen beitragen müssen, weiß auch selbst den Eigennutz der Menschen als Mittel anzuwenden, um unendlich viel Gutes auf Erden zu verbreiten. Die mehrsten großen Taten werden durch ihn hervorgebracht. Menschen, die keine bessere Antriebe zur Tugend kennen, üben wenigstens darum Handlungen der Großmut und Menschenliebe aus, damit sie für sich Ehre, Ruhm, Ansehn, Vertraun gewinnen und ihre Mitwerber ausstechen, verdunkeln mögen; und so geschieht dann doch das Gute. Sehr viel nützliche Erfindungen in Künsten und Fortschritte in Wissenschaften verdanken wir dem Eigennutze. Er hat die erste Veranlassung zu der Entdeckung unbekannter Weltteile gegeben, und indem er also die einzelnen Menschen trennt, vereinigt er ganze Völker, die sich vorher einander fremd waren, durch den Handel.

ZWEITE HAUPTABTEILUNG
ÜBER DEN UNDANK

EINLEITUNG

Es sei mir erlaubt, zum Übergange in diese Materie einige Resultate aus dem Vorigen zu ziehn!

Es ist ein tröstender, herzerhebender Gedanke, daß alles, was lebt und webt, vom liebreichen Urheber der Natur zum Glücklichwerden erschaffen, daß das Weltgebäude nicht etwa bloß ein Kunstwerk, zur Freude des Meisters und zur Verherrlichung seiner Allmacht zusammengesetzt, sondern zugleich eine unermeßliche Anstalt zur Beglückung zahlloser Geschöpfe ist; das hier Myriaden Wesen aller Art, vom Engel bis zur Made herab, Genuß und Wonne schmecken, wenn sie der Ordnung der Natur folgen; hingegen, wenn sie sich von diesem Wege entfernen, dennoch nur unbedeutende Verwirrungen anrichten, nie aber die Harmonie des Ganzen zerstören können. Es ist herzerhebend zu denken, daß wir also nicht weniger Zweck der Schöpfung sind, als es die Schöpfung für uns ist.

Je empfänglicher für die mannigfaltigen Freuden und je empfindlicher für Leiden ein Geschöpf ist, desto mehr Kraft liegt in seinem Wesen, um sich jene zu verschaffen und diese zu entfernen. Je größer der Drang der Bedürfnisse und Anforderungen in den verschieden organisierten erschaffenen Wesen sich äußert, desto geschickter fühlen sie sich, diese Bedürfnisse zu befriedigen, und für die nützlichste Verwendung ihrer Kräfte, zu ihrem eignen und des Ganzen Wohl, sind gerade die dringendsten Triebe in ihre Natur gelegt; denn es gehört zu dem großen Plane des Allvaters, daß jedes einzelne Wesen, indem es für sich Genuß und Vergnügen sucht und sich verschafft, hierzu nicht anders sicher gelangen kann, als indem es für das Ganze mitwirkt. Darum sind auch die Triebe, die die Erhaltung des Lebens, und die, welche die Fortpflanzung der Gattungen befördern sollen, die heftigsten von allen.

Weil nun die mit höhern Kräften und mit Vernunft begabten Wesen geschickter als die übrigen zu der allgemeinen Ordnung beizutragen, zugleich aber durch ihre größere Selbständigkeit mehr als die andern imstande sind, sich eine abgesonderte, freie, von fremder Einwirkung unabhängige Existenz zu verschaffen, so offenbart sich, um diese Absonderung zu verhindern, in ihnen der Hang, sich mitzuteilen, sich anzuschließen und auf andere Wesen zu wirken, vorzüglich stark, *denn Gott hat nicht gewollt, daß wir die Bewegungsgründe zur nützlichen Wirksamkeit aus kalten, abstrakten Theorien, sondern aus unsrer Natur und Bestimmung selbst entlehnen sollten.*

Es ist aber der Trieb zur Geselligkeit und gegenseitigen Dienstleistung allen lebendigen Wesen, selbst den Tieren, eingepflanzt. Allgemein bekannt ist es, mit welcher Sorgfalt die Eltern nicht nur ihre eigenen Jungen nähren, pflegen und verteidigen, sondern wie sie auch die Wartung angenommener Zöglinge sich angelegen sein lassen; mit welcher Sorgfalt die Henne junge Enten, die Grasmücke den jungen Kuckuck auferzieht; wie, in der Brutzeit, Männchen und Weibchen abwechselnd das Nest bewachen und warm halten, wie jener, durch Lieder, der Gattin, wenn sie auf den Eiern sitzt, die Zeit verkürzt. Ebenso bekannt sind die Beispiele von Treue und Anhänglichkeit, welche die Haustiere dem Menschen beweisen, von dem Unterschiede, den sie zwischen dem Hausherrn (wenn dieser ihnen auch nie Futter reicht) und den untergeordneten Personen zu machen verstehn. Weniger bekannt vielleicht und doch zum Beweise des allgemeinen Geselligkeitstriebes der Tiere dienend ist aber die Beobachtung, die wir in Gmelins Reisen angezeigt finden. In Krasnojarsk nämlich gibt es eine große Menge Rallen; diesen wird es schwer zu fliegen, und doch können sie den Winter in jenem kalten Erdstriche nicht ausdauern. Wenn daher die Störche im Herbste in die wärmern Klimate ziehen, nimmt jeder Storch eine Ralle mit sich auf dem Rücken fort. Hier ist ein Beispiel von geselliger Dienstleistung, soviel man weiß, ohne allen Eigennutz, und was erstaunlich ist – ohne den kategorischen Imperativ der hyperpuren Vernunft. In einem für Ärzte und Philosophen äußerst wichtigen, kürzlich durch den würdigen Herrn Hofrat Doktor Brandis in Holzminden übersetzten Werke, in *Darwins Zoonomie,* sind viel höchst sonderbare Beobachtungen von dieser Art gesammelt, und der Verfasser geht sogar so weit, die zur Erklärung solcher Tatsachen bisher angenommenen Instinkte zu verwerfen und auch bei den Tieren Plan, Überlegung, Vorschriften, aus Erfahrung abstrahiert und durch eine Art von Überlieferung auf sie gekommen, anzunehmen.

Von allen Geschöpfen aber, das bleibt gewiß und unleugbar, ist keines so zur Geselligkeit, Teilnahme und Mitteilung gestimmt wie der Mensch; aber er bedurfte auch dieses lebhaftern sinnlichen Triebes, um, da ihn das göttliche Geschenk der Vernunft in den Stand setzt, freier und unabhängiger als andre Kreaturen zu leben, nicht in Egoismus zu fallen. Wenn ihn jedoch sein größerer Hang zur Geselligkeit und seine feinere Empfänglichkeit, Genuß und Freude aus allen Gegenständen zu schöpfen, in unzählige Verhältnisse verwickeln und ihm Gelegenheit geben, seine Wirksamkeit auf so mannigfaltige Weise zu äußern, so dient ihm auch dieselbe Vernunft zur Leiterin, um seine Handlungen zu ordnen, seiner Tätigkeit die gehörige Richtung zu geben, in zweifelhaften und Kollisionsfällen den richtigsten, den sichersten Weg zur dauerhaften Wohlfahrt sich vorzuzeichnen, ihn über die reine Glückseligkeit und den echten Genuß aufzuklären und ihn zu lehren, selbst in den Aufopferungen vorübergehender Freuden, zum Vorteile seiner Mitgeschöpfe, einen höhern, sichrern, geistigern Genuß zu finden. Sie schreibt ihm zwar bestimmte Regeln dazu vor, die durch seine eigene Erfahrungen bestätigt werden; aber nicht willkürliche Gesetze, sondern solche, deren herrliche Wirkung und Zweckmäßigkeit er an sich selbst erproben kann und wodurch er zu einer Macht über Leidenschaften und Sinnlichkeit, zu dem Gefühle einer innern Ruhe, einer Beharrlichkeit, eines Seelenfriedens gelangt, den wir das gute Gewissen nennen. Alles aber zielt dahin, ihn glücklich zu machen und zu diesem Zwecke jeder geistigen und körperlichen Kraft in ihm die beste Richtung zu geben. Die Religion, welche die Vorschriften seiner Vernunft sanktioniert und sie zurechtweiset, empfiehlt ihm auch keine andren Motive. Sie gibt ihm keine despotischen, willkürlichen Befehle, sondern schreibt ihm nur das Gesetz der Liebe vor, das schon in sein Herz eingegraben ist. »Wer seinen Mitmenschen liebt«, sagt Jesus, »der hat das Gesetz erfüllt.« Und: »tue das; so wirst du glücklich; so wirst du selig werden.« Der göttliche Stifter unsrer Religion, der ein besserer Menschenkenner war als unsre neuern Philosophen, verlangte also nicht, daß der sinnliche Mensch Bewegungsgründe zu seinen Handlungen außer sich suchen und sein eignes Ich, seine Personalität verleugnen sollte; nein! Glück in dieser und jener Welt ist die Bedingung, die er dem anbietet, der seiner Lehre folgen will.

Der Mensch *soll* und *muß* also nichts; er behält die Freiheit, sein wahres Heil zu verscherzen und sich der höhern Wonne und Seligkeit zu berauben, wenn er keinen Sinn für sie hat. Die Opfer, die er seinen Brüdern und der gesamten Menschheit bringt, sind freiwillige Opfer. Will er auf die reinen geistigen Freuden, auf die Ruhe im Innern, auf die Achtung guter Menschen und auf ihre gegenseitigen Dienstleistungen Verzicht tun; will er rastlos nach eitler Lust streben, die weiter vor ihm flieht und seine Begierden immer mehr entflammt, je eifriger er ihr nachjagt, so bauet er sein eignes Elend und findet hier auf Erden keinen Frieden. Dafür hat der Schöpfer aller Dinge gesorgt, daß die Verkehrtheit einzelner Geschöpfe die Ordnung des Ganzen nicht über den Haufen werfen kann; und damit auch die gesellschaftliche Zusammenlebung ruheliebender Menschen durch den Mangel an Moralität einiger nicht gestört werde, treten die Weisern und Bessern zusammen, um durch bürgerliche Gesetze sich gegen Ausfälle und Anmaßungen solcher Toren zu waffnen. Seine innere Wohlfahrt zu befördern wird aber jedem überlassen.

Das sind die Begriffe, die ich von moralischer Freiheit, von Sittlichkeit überhaupt und von Glückseligkeit habe und von den Bewegungsgründen und Mitteln, diese Schätze zu erlangen. Wie klein, jämmerlich und unglücklich erscheint mir dagegen nicht der moralische Mensch der neuern Philosophen! Gleichsam der Leibeigene der Natur; verunheilt, sklavisch unbedingten Gesetzen zu gehorchen, nicht solchen, die ihm seine überlegende Vernunft, nach Maßgabe der Umstände, vorschreibt, sondern Gesetzen, nach deren Gründen er nicht einmal fragen, die er befolgen soll, sie mögen zu den Umständen passen oder nicht, die bei unzähligen Fällen im Leben ihm keine bestimmte Vorschrift liefern; geschaffen, nur für fremde Rechnung zu arbeiten, seine Personalität, den ersten Zweck seines Daseins, den frohen Lebensgenuß, zu vergessen, ohne Dank, ohne Verdienst, ohne Ersatz, ohne Trost! Versucht zu werden, jeden Augenblick auszurufen: wie kann ich dem Urheber meines Daseins für mein Leben danken, wenn er mir dies Leben nur zum Frondienste für andre gegeben hat; wenn ich mir nicht einmal den Gedanken erlauben darf, daß die Opfer, die ich ohne Aufhören bringen muß, freiwillige Geschenke meines wohlwollenden Herzens sind; wenn die donnernde Stimme des Gesetzes ohne Unterlaß *Du sollst! Du mußt!* mir zuruft?

Die Dankbarkeit ist eine von den Tugenden, die, soviel ich es einsehe, gänzlich wegfallen würde, wenn dies despotische Gesetz die Quelle aller guten Handlungen wäre. Ich kann nur dem dankbar sein, der aus Liebe zu mir, aus Teilnahme an dem, was meine Glückseligkeit befördern kann, um meine Wünsche zu befriedigen, sich selber etwas entzieht, das er für sich behalten, zu seinem Vorteile anwenden könnte. Aber was für Verbindlichkeit bin ich dem schuldig, der etwas hergibt, das ihm ohnehin nicht gehört, das er, dem strengen Gesetze nach, unbedingt andern schuldig ist?

Und so hätten uns dann die vorigen Betrachtungen auf den Gegenstand geleitet, der in dieser zweiten Hauptabteilung beleuchtet werden soll.

1. Das Gefühl, das unser Herz zur Dankbarkeit stimmt, ist von der Hand des Schöpfers in unsre Natur gelegt und wird nur dann verleugnet, wenn andre heftige Leidenschaften, z.B. Eigennutz, Neid, falscher Ehrgeiz oder Eitelkeit dasselbe erstikken. Wenn alle Geschöpfe des Erdbodens Genuß, Freude und Glück suchen, so ist nichts natürlicher, als daß sie sich hingezogen fühlen zu solchen Gegenständen, die ihnen Befriedigung ihres Glückseligkeitstriebes verschaffen; und wenn dies bei leblosen Gegenständen der Fall ist, wieviel mehr Zuneigung werden sie zu tätigen, mit Willenskraft begabten Wesen empfinden, die absichtlich die Summe ihrer Freuden vermehren!

2. Dankbarkeit äußert sich sogar in unvernünftigen Geschöpfen. Wir bemerken nicht nur bei den Haustieren, die von uns Schutz, Nahrung und Pflege erhalten, eine treue Anhänglichkeit an ihre Beschützer, sondern man erzählt auch viel glaubwürdige Beispiele von Löwen und Tigern, die aus Dank-

barkeit für die Errettung von drohender Gefahr ihre natürliche Wildheit gegen den Wohltäter abgelegt, diesen bewacht, verteidigt und ihm unbedingten Gehorsam geleistet haben. Ja! manche dieser rohen Geschöpfe scheinen ein lebhafteres Gefühl für die Dankbarkeit zu empfinden als der von sich durchkreuzenden Leidenschaften in immerwährendem Strudel umhergetriebene, durch die mannigfaltigen Verhältnisse der bürgerlichen Zusammenlebung mit unzähligen unnützen Bedürfnissen bekanntgewordene, von unersättlichen Wünschen und nie zu befriedigenden Forderungen irregeleitete Mensch. Dieser findet nämlich, wenn ihn unedlere Begierden blenden, selbst in der Vernunft, die seinen natürlichen Trieben als Leiterin zugesellt ist, Mittel, das bessere Gefühl der Erkenntlichkeit zum Vorteile eines übel berechneten Eigennutzes wegzuvernünfteln.

3. Es hat aber leider! auch Philosophen gegeben, welche die Heiligkeit der Dankbarkeitspflicht zu leugnen gewagt haben. »Wenn«, sagten diese, »jeder, der Gerechtigkeit und Redlichkeit gegen mich übt, nicht mehr als seine Bestimmung erfüllt, wenn das Gegenteil Verbrechen sein würde; welchen Dank bin ich ihm dann dafür schuldig?« Bedenkt man aber, wie leicht es dem bösen Willen oft wird, sich um jene Gerechtigkeit und Redlichkeit wegzuschleichen und, ohne sie geradezu zu übertreten, einen Vorwand zu finden, um tätige Hilfe, Beistand und Dienstleistung dem zu versagen, der dessen bedarf, so muß jeder gutgeartete Mensch die Verbindlichkeit anerkennen, die er demjenigen schuldig ist, der aus treuem guten Herzen und wahrer Teilnahme ihm die Beschwerlichkeiten des Lebens auf irgendeine Weise tragen hilft.

4. Die Dankbarkeit ist ein Gefühl, welches das Herz veredelt und bessert, wohltätig für den, der empfängt, wie für den,

welcher gibt. Man empfindet eine reine Wonne bei dem Anblicke eines Geschöpfs, das durch uns froh und glücklich ist; man vergißt eigne Leiden über das Bewußtsein, die Wohlfahrt andrer befördert zu haben. Ein edler Stolz, der sich auf unsre Kraft und auf die Wichtigkeit und Nützlichkeit ihrer Anwendung gründet, entschädigt uns für Mühe, Anstrengung und Verdruß. Wir lieben unser eignes Werk, fühlen uns hingezogen zu einem Wesen, das uns seine bessere Existenz verdankt, und zu allen, denen wir noch ähnliche Wohltaten erzeigen können. Der aber, welcher uns sein Glück verdankt, gewinnt auch dadurch die Welt lieb, in der es ihm wohlgeht, in welcher es so dienstfertige Menschen gibt. Er wird geneigt, auch andern Gutes zu erweisen, nachdem er es empfunden hat, wie angenehm es ist, sich nicht vergebens nach fremder Hilfe zu sehnen. Der Undankbare hingegen, der keinen Sinn für das Gute hat, das Gott und Menschen ihm erweisen, wird feindselig, mißgünstig und hart. Ihn ärgert die Freude, die andre empfinden, weil keine Heiterkeit in sein Herz kommt; er glaubt niemand nichts schuldig zu sein, weil niemand seine unendlichen Forderungen befriedigt.

5. Der Wohltäter bauet zuweilen das Glück seiner Nachkommenschaft durch die Liebesdienste, die er geleistet hat. Oft noch ernten seine Kinder die Früchte des Danks ein, der ihm gebührt. Die Geschichte liefert uns davon zahlreiche Beispiele, wie denn überhaupt der Segen keiner guten Tat verlorengeht.

6. Die weisesten Männer aller Zeitalter haben die Dankbarkeit als die heiligste Pflicht empfohlen, und kluge Gesetzgeber haben geschärfte Strafe auf die Verbrechen gelegt, die gegen Wohltäter begangen würden.

7. Und dennoch, bei so vielfachen innern und äußern Bewegungsgründen, welche uns die Heiligkeit dieser Pflicht empfehlen, hört man über kein Laster so allgemein klagen als über den Undank. Zwar sind diese Klagen auch je zuweilen ebenso übertrieben wie die Forderungen derer, die auf Dank Anspruch machen und die oft auf unbedeutende Wohltaten, an welchen mehr die Eitelkeit, oder irgendeine andre Leidenschaft, als wahre Menschenliebe Anteil hat, einen so hohen, drückenden Preis setzen. Zwar wird die Betrachtung, daß man für edle Handlungen nicht immer die verdiente Erkenntlichkeit einerntet, den wahrhaftig großmütigen Mann nicht abhalten, andern Gutes zu tun; aber doch bleibt es traurig und niederschlagend, daß die Menschen, in ihrer Verblendung, auch diese natürliche Tugend verleugnen und daß nicht selten die treueste, uneigennützigste Aufopferung und Hingebung mit dem schwärzesten Undanke, ja! mit Feindschaft und Verfolgung belohnt werden. Indessen lasset uns zu unsrer Beruhigung nicht vergessen, daß diese, so wie alle andre moralische Unvollkommenheiten, nicht in einer angebornen Verderbtheit der menschlichen Natur, sondern in Schwäche, in unrichtiger Beurteilung des eignen wahren Vorteils ihren Grund hat.

8. Bei einer großen Anzahl von Menschen ist ein übelgeordneter Freiheitssinn die Quelle des Undanks. Man hält sich für gedrückt durch die Last der Verbindlichkeit, glaubt sklavisch abhängig von dem Wohltäter zu werden, wenn man es sich selber gesteht, wieviel man ihm schuldig ist, und fühlt sich doch zu schwach, wird durch den Drang der Umstände abgehalten, auf fremde Hilfe Verzicht zu tun; und so empfängt man dann, vernünftelt aber die Pflicht weg, welche Erkenntlichkeit gebietet. Ein falscher Stolz, der sich gegen den Gedanken, eine untergeordnete Rolle zu spielen, empört, über-

schreiet die innere Stimme des Gewissens. Man zürnt mit dem Schicksale, das andre so hoch gestellt hat, daß sie das Vergnügen, Wohltaten auszuspenden, sich verschaffen können, indes man dazu verurteilt scheint, immer nur zu empfangen, zu suchen, zu bitten. Mit neidischen Augen betrachtet man nun den, dessen Beistand man hat annehmen müssen; man sucht Fehler an ihm auf, um seinen Wert und sein Verdienst um uns herabzusetzen, und nicht selten artet dies in bittern Haß und Feindschaft aus. Ich habe einen Mann gekannt, der sehr dienstfertig, allein durch die mannigfaltigen Erfahrungen von dem Undanke der Menschen so mißtrauisch geworden war, daß er, sooft er jemanden eine Wohltat erwiesen hatte, zu sagen pflegte: »Heute habe ich mir abermals einen Feind mehr erworben.«

9. Diene neunundneunzigmal einem Menschen und schlage ihm die hundertste Bitte ab, so wird er alles empfangene Gute vergessen und über deine Hartherzigkeit klagen; denn die Forderungen der Menschen wachsen mit ihrer Befriedigung, und was man dem Ungefälligen für eine große Tat anrechnet, das treibt man von dem Dienstfertigen wie eine Schuld ein. Diejenigen erregen am meisten Aufsehn in der Welt, die ihre Tugenden nur wie Sonntagskleider selten zur Schau tragen.

10. Menschen, die selbst nichts für sich sind, suchen dich auf, hängen sich an dich, huldigen dir, um durch dich in bessere Verhältnisse zu kommen. Du erhebst sie, bringst sie in die Mode, überwindest das Vorurteil, das gegen sie stritt und vielleicht dir selber Schaden tat; sie bleiben dir so lange treu und anhänglich, als sie deiner bedürfen, ziehen sich aber nach und nach zurück, suchen sich eine eigne Existenz, vielleicht auf deine Kosten, zu schaffen, wenn sie dazu Kraft haben, oder rennen einem andern Beschützer nach, wenn dein An-

sehn sinkt, und verwandeln sich am Ende wohl gar, wenn sie hoch genug über dich zu stehn glauben, aus deinem Klienten in deine Hofmeister, Lehrer und Ratgeber. – Das alles muß man in dieser Welt erwarten, um, wenn es geschieht, nicht darüber zu zürnen, sondern zu lächeln.

11. Wenn diese und ähnliche Erfahrungen und Überlegungen vom Wohltun abhalten dürften, so würde kein verständiger Mann ferner einen Schritt für andre tun; allein zum Glücke für die Menschheit gibt es bessere Bewegungsgründe, seinen Mitgeschöpfen Gutes zu erweisen, als das kleine, niedrige, eigennützige Verlangen, Dank einzuernten. Die sichern, mannigfaltig nützlichen Folgen, die jede edle Tat auf das Ganze auch dann hat, wenn diese Folgen nicht sogleich sichtbar, wenn sie selbst von dem, den sie unmittelbar treffen, verkannt werden; die Freude, die in dem Bewußtsein einer zweckmäßigen Tätigkeit zum Wohl der Menschheit liegt; die kleine, zwar nicht lobenswerte, aber doch auch nicht sträfliche Eitelkeit, die in dem Gedanken, daß wir andern etwas sind, daß sie unsrer bedürfen, Nahrung findet; und endlich das angeborne Gefühl des Wohlwollens und der Teilnahme – das alles wird, solange die Welt steht, dazu mitwirken, daß es nie an Menschen fehle, die ihren Brüdern hilfreich die Hand reichen. Ja! es liegt eine unnennbare Wonne für ein edles, stolzes Herz in der Überzeugung, grade dann am bereitwilligsten zum Guten zu sein, wenn man sicher voraussehn kann, daß man nie weder Dank noch Lohn einzuernten haben wird, folglich unsre Absicht ganz rein von Eigennutz ist.

12. Dennoch aber ist auch keineswegs der Wunsch, sich dankbare Menschen durch Wohltaten zu verbinden, tadelnswert, am wenigsten dann, wenn man zwischen diesen und schlechtdenkenden, unerkenntlichen Leuten zu wählen hat

und seine Freigebigkeit und Dienstfertigkeit nicht auf alle ausbreiten kann, sondern, nach der Eingeschränktheit seiner Kräfte, ihnen Grenzen setzen muß. Warum sollten wir, wenn unser Herz warm für andre schlägt, nicht auch wünschen dürfen, daß sie Regungen von ebenso zärtlicher Art für uns empfinden? Und warum sollten wir nicht gern diese Stimmung in ihnen durch freundschaftlichen Beistand zu erwecken suchen? Man tadelt oft verständige Männer, die sich dem, was man gute Gesellschaft nennt, entziehen und ihr Leben im vertraulichen Umgange mit Personen ohne Kultur, Erziehung und Talente hinbringen; Reiche, die, statt sich mit Frauenzimmern ihres Standes zu verbinden, Mädchen aus den sogenannten niedern Klassen zu Gattinnen wählen; Leute, die einem alten, geprüften Diener ausschließlich ihr Zutraun widmen, indes sie ihre nächsten Verwandten verabsäumen und von sich entfernen; oder die gar allen menschlichen Umgang fliehen und auf die sonderbare Grille verfallen, ihre ganze Sorgfalt und Zuneigung einem treuen Hunde oder andern Haustiere zu schenken; aber wisset ihr auch, wie oft diese guten Leute, zum Preise für das wohlwollendste, liebevollste Herz, von den fein kultivierten Herrn und Damen, die uns und die ganze Welt nur zu ihrem Dienste geschaffen glauben, mit schwarzem Undanke sind belohnt, für gutmütige Hingebung und Aufopferung verspottet, betrogen, von dem schändlichsten Eigennutze mißbraucht worden, bis sie endlich, um doch irgendein Geschöpf zu finden, das ihre Liebe nicht zurückstieße, einen Gegenstand ihrer Anhänglichkeit gewählt haben, von dem sie Erwiderung und Erkenntlichkeit erwarten durften? Wirklich übertrifft es auch alle Vorstellung, wie unfein der Eigennutz auf reiche und bereitwillige gute Menschen mit Bitten und Zumutungen losstürmt, bis diese endlich, nach manchen unangenehmen Erfahrungen, dahin gebracht werden, mit anscheinender Härte solche Zudringlichkeiten zurückzuweisen und Dienstleistungen abzuschlagen, die sie, ohne Ungerechtigkeit gegen sich selbst und die Ihrigen, nicht gewähren können.

13. Es gibt aber sehr verschiedene Arten, sein Dankgefühl auszudrücken, und nicht immer ist derjenige unerkenntlich, der nicht viel Worte macht, der in seinem Herzen seine Empfindungen verschließt und dem großmütigen Wohltäter Verehrung, Hochachtung und Segnung zum stillen Opfer bringt. Ein stummer Dank, ein Händedruck und ein zum Himmel gekehrter Blick des feuchten Auges sind wohl so viel wert als studierte Floskeln einer herzlosen Beredsamkeit.

14. Oft verlangt auch der Wohltäter für das, was er vielleicht nicht einmal aus den reinsten Bewegungsgründen geleistet hat, mehr, als ein edles, stolzes Herz zu geben vermag, verlangt Opfer aller Art, Schmeichelei, gänzliche Abhängigkeit, Sklavendienste, und jammert dann über den Undank der Menschen, wenn man lieber auf alles Verzicht tut, was seine Prahlerei verspricht, als daß man es so teuer erkaufen sollte. Wenig Menschen verstehen die Kunst, so zu geben, daß man ihnen gern verpflichtet wird, daß vielmehr der, welcher empfängt, dem andern eine Gefälligkeit zu erweisen scheint. Aber man erwarte auch keinen Dank für unerbetene, aufgedrungene Wohltaten; für die Mühe, sich unberufen in fremde Händel gemischt, Versöhnungen und Heiraten gestiftet zu haben; für Schmeichelei und Erniedrigung; für Lob ins Gesicht und hinter dem Rücken, das oft mehr Schaden als Nutzen stiftet; für Verteidigung eines Mannes, der sich selbst besser und mit mehr Erfolge verteidigen kann! Man erwarte keinen Dank, wenn man, obgleich in guter Absicht, die Eitelkeit der Leute beleidigt, wenn man klügern oder sich klüger dünkenden Leuten Rat geben, wenn man einen mittelmäßigen

Schriftsteller abhalten will, die Welt mit schlechten literarischen Produkten zu beschenken! Man erntet selten Dank ein, wenn man zu bereitwillig ist, für jedermann kleine Aufträge zu übernehmen, Waren zu verschreiben, Personen zu empfehlen, Sammlungen zu veranstalten, Unterzeichnungen zu befördern. Man wird dann ohne Unterlaß von zudringlichen Leuten bestürmt, wird hintergangen, leidet Schaden und kommt zuweilen noch obendrein in den Verdacht, seine kleinen Privatvorteile dabei nicht vergessen zu haben.

15. Die mehrsten Großen der Erde verstehen die Kunst, um aller Verbindlichkeit überhoben zu sein, sich dasjenige aufdringen zu lassen, was sie zu erhalten wünschen. Dagegen machen sie aus dem, was Gerechtigkeit erfordert und ihre Schuldigkeit ist, eine Gnade, um Dank einzuernten, wissen es so einzurichten, daß der Mann, dessen sie notwendig bedürfen, die Bedienung erbetteln muß, zu welcher sie keinen geschicktern finden können. Sie verzögern ihre Wohltaten, um die Menschen desto länger von sich abhängig zu machen, wissen sich von dem, was andre getan haben, das Verdienst zuzueignen, um ihnen den gebührenden Dank zu entziehn und sich zuzuwenden, dagegen aber Verantwortung und Verdruß auf sie zu wälzen.

16. Es ist eine sehr unangenehme Lage, wenn das Gefühl der Dankbarkeit mit dem Eifer für Gerechtigkeit, mit strenger Wahrheitsliebe oder mit der Sorgfalt für das Wohl des Ganzen in Zusammenstoß kommt. Allein dann muß die untergeordnete Pflicht der höhern weichen; und der handelt nicht undankbar, der, aus Erkenntlichkeit gegen Individuen, nicht zum Verräter an dem gemeinen Wesen werden, nicht aus niedriger Gefälligkeit gegen einen Bösewicht, der einst sein persönliches Interesse befördert hat, zu dem Unrechte schweigen will,

wodurch Tausenden Übles zufließt. In eine nicht ganz so unangenehme Lage, die doch aber auch nicht wünschenswert ist, wird man versetzt, wenn Leute, die man nicht schätzen kann, Menschen von geringem geistigen und moralischen Werte, sich uns mit Huldigung, Aufmerksamkeit und wirklichen Dienstleistungen aufdringen und dadurch ein Recht auf dankbare Erwidrung zu erzwingen suchen. Den Verlegenheiten der erstern Art kann man fast immer ausweichen, wenn man sich hütet, von Personen, die Verachtung verdienen, Wohltaten anzunehmen, und wenn man in allen Fällen sich den Ruf erwirbt, da, wo es Wahrheit und Recht gilt, alle persönlichen Rücksichten bei Seite zu setzen. In den Fällen der andern Art aber wird brüderliche Duldung uns zu Erwiderung jeder unschuldigen Gefälligkeit und Höflichkeit, auch gegen weniger achtungswerte Leute, bewegen. Man muß ja mit so manchem leben, den man sich nicht grade zum Freunde wählen würde, und das Bewußtsein, daß wir vielleicht besser sind als andre, befreiet uns noch nicht von der Verbindlichkeit, gesellige und moralische Pflichten gegen sie auszuüben, insofern diese Pflichten nicht mit höhern Obliegenheiten streiten.

17. Die allgemeinste Art von Undank und dessen wir alle uns wohl, mehr oder weniger, schuldig machen, ist der Undank gegen den liebreichen Schöpfer der Natur. Der Zweck des Daseins aller lebendigen Geschöpfe ist der: Glück und Freude zu finden in der Welt. Alle können diesen Zweck erreichen, und das, was vernünftige Wesen wahrhaftig glücklich macht, liegt fast allein in ihnen und ist nicht abhängig von äußern Umständen noch fremdem Willen, insofern sie nur richtige Begriffe von Glück haben und zweckmäßige Mittel ergreifen, um dazu zu gelangen. Gegen die zahlreichen Freuden, die der Weise und Tugendhafte schmecken kann, ist die Summe der unvermeidlichen Leiden sehr geringe und selbst

diese wird er vergessen, wenn er, durch Betrachtung der Vollkommenheit des unermeßlichen Ganzen, seinen Geist erhebt und sein Herz erwärmt. Man rechne einmal von der Anzahl der Ungemächlichkeit und Widerwärtigkeiten des Lebens diejenigen ab, die wir uns selbst, durch Einbildung, durch Vorurteile, durch eitle, törichte Wünsche, durch unnützerweise vervielfältigte Bedürfnisse des Luxus, der Eitelkeit, der Weichlichkeit und der Unmäßigkeit erschaffen – wieviel bleibt übrig, das einer Klage wert wäre? Wo ist der Mensch auf Erden, der gänzlich ohne seine Schuld oder Veranlassung (sei es nun durch grobe Vergehungen oder Unvorsichtigkeit) endlos elend geworden wäre und keine Hilfe hätte finden können? Ich gestehe es offenherzig, daß mir, der ich doch viel harte Schicksale erlebt habe, noch nie etwas wirklich Unangenehmes begegnet ist (Hierunter rechne ich aber nicht die Entbehrung des Reichtums und solcher unerwarteter Glücksfälle, die freilich manchem zu Teil werden, worauf aber eigentlich kein Mensch gegründeten Anspruch machen kann.), ich sage, daß mir nie etwas wahrhaftig Unangenehmes begegnet ist, wozu ich nicht auf irgendeine Weise, durch Mangel an weisem Betragen, Veranlassung gegeben hätte, und daß ich dasselbe bei allen den unglücklichen Begebenheiten wahrgenommen, die ich andre Leute habe erleben gesehn. Allein wir pflegen dann, um ein Recht zu erhalten, undankbare Klagen gegen die Vorsehung auszustoßen, nur unsre Enthaltung von groben Vergehungen in Anschlag zu bringen. Der Mensch, der mit einem kränklichen Körper zu kämpfen hat, macht sich groß damit, daß er nicht durch wilde Ausschweifungen seine Gesundheit zu Grunde gerichtet habe; von der Vernachlässigung einer einfachen, seiner Konstitution gänzlich angemessenen Lebensordnung hingegen schweigt er. Wenn ein andrer darüber winselt, daß er von seinen Eltern statt eines großen Vermögens nur Schulden geerbt habe, so vergißt er, sich zu fragen: was für ein Recht denn wohl überhaupt ein Mensch haben könne, von der Wiege an, ohne Arbeit und Mühe, das zu besitzen, was andre bessere Leute erst im Schweiße ihres Angesichts erwerben müssen? Und wenn ein Dritter die widrigen Vorfälle aufzählt, die ihm begegnet sind, vergißt er in die andre Waagschale die Menge angenehmer Begebenheiten zu legen, die ihm unverhofft, unverdient, ja! oft dann begegnet sind, wenn er durch unkluge Aufführung vielleicht das traurigste Schicksal verdient gehabt hätte. In einer Welt, in welcher der Schöpfer nicht unaufhörlich Wunder wirken will, muß jedermann die Folgen seiner Handlungen tragen. Wie weit, in der großen Kettenreihe der Ursachen und Wirkungen, diese Folgen reichen werden, das läßt sich nicht bestimmen; daß aber durch kleine Vergehungen sehr große Übel herbeigeführt werden können, das weiß jedes verständige Wesen und muß jene vermeiden, wenn es diesen ausweichen will. Noch einmal also! die Summe der gänzlich unverdienten, wirklichen, unabhelflichen Leiden in der Welt ist klein, und selbst zu Hebung und Erleichterung dieser hat der liebreiche Urheber der Natur für Mittel gesorgt. Kein unschuldig gekränkter, von Unglück niedergebeugter Mann bleibt lange gänzlich verlassen, ohne von dem Mitgefühle andrer guten Menschen Beistand und Trost zu erhalten. Wer von uns hat nicht schon an sich selbst die Erfahrung gemacht, daß in Augenblicken, wo Mut und Hoffnung auf immer zu verschwinden droheten, auf einmal die Hilfe von einer Seite her erschien, von welcher man sie gar nicht hatte erwarten dürfen? Wer dergleichen Erfahrungen wegraisonnieren will, der tut seiner eignen Seelenruhe den größten Schaden. Dazu kommt dann noch die wohltätige Stimmung aller menschlichen Gemüter, durch welche sie nichts so leicht vergessen als überstandenen Schmerz, da hingegen die Erinnerung an froh verlebte Tage und die Erwartung eines bevorstehenden Vergnügens der Einbildung fast ebensoviel Wonne gewähren als der wirkliche Genuß; auch ist es wahr, und ich habe das oft an mir bestätigt gefunden, daß selbst der heftigste Schmerz einen gewissen Grad nicht überschreiten kann, die Stufen der Freude aber unzählig sind; und endlich, daß ohne alle Abwechselung mit Leidensempfindungen und Entbehrungen uns kein Vergnügen schmackhaft sein würde.

Wenn zu diesem allen nun noch die Überlegung kommt, daß wir doch unmöglich bloß für die kurze Reihe halb im Schlafe und in sorgloser Kindheit dahineilender Jahre geschaffen sein können, folglich in einer bessern Zukunft die gütige Vorsehung uns reichlich für die kleinen unbedeutenden Plackereien dieses spannenlangen Lebens entschädigen kann, wo ist dann Elend? Wie undankbar handelt also nicht der Mensch, der mit unaufhörlichen Klagen den Himmel bestürmt! Und doch jammern mehrenteils grade diejenigen am heftigsten über Unglück, denen nichts Widriges begegnet, als daß nicht alle ihre törichte Wünsche nach eingebildetem Glücke erfüllt, nicht alle ihre unersättliche Begierden und unnütze Bedürfnisse befriedigt werden. Aber schlaget solchen Leuten, wenn sie andre Menschen beneiden, vor, mit diesen gradeauf zu tauschen; und sehet zu, ob sie den Vertrag einzugehn bereit sein werden! Ja! dort möchte ein Mann gern den Reichtum seines Nachbars besitzen; fraget ihn aber, ob er auch zugleich dessen Geiz, seine Dummheit, seine Feinde oder seine Kränklichkeit oder seine garstige alte Frau mit übernehmen möchte? – Schwerlich wird er sich dazu verstehn wollen. Wer aber nicht willig ist, sein ganzes Wesen, nebst allen innern und äußern Umständen, gegen die vollständigste Existenz irgendeines andern zu vertauschen, der beweiset dadurch, daß er noch etwas zu besitzen glaubt, worauf er Wert setzt, und daß er folglich nicht ganz unglücklich ist.

18. Undankbar gegen religiöse Gefühle sind diejenigen, welche das ganze Wesen der Religion und Gottesverehrung zu einer Sache der kalten Vernunft machen wollen. Wir sind nun einmal sinnliche Menschen, solange wir hier auf Erden wandeln; soll irgendeine Wahrheit Interesse für uns haben, so müssen wir sie nicht bloß demonstrieren, sondern es auch *fühlen* können, daß die Überzeugung von dieser Wahrheit uns nützlich, wohltätig sei. Der Abstand zwischen uns und dem unsichtbaren allervollkommensten Wesen ist aber so groß, daß, um uns von demselben nur irgendeinen Begriff zu machen, für den wir empfänglich sein können, wir uns diesen Begriff versinnlichen müssen. Dies wird um so nötiger, wenn die Religion nicht bloß ein Gegenstand unsrer Spekulation bleiben, sondern auch Einfluß auf unsre Handlungen, das heißt auf die Anwendung unsrer Kräfte und Tätigkeitstriebe erhalten soll. Es ist wohl gewiß, daß, wenn wir uns Gott, um uns mit ihm gleichsam in Rapport zu setzen (man erlaube mir diesen Ausdruck!), in dem Verhältnisse als Vater, Freund und Wohltäter vorstellen, mit dem wir reden wie mit einem Menschen und uns an ihn unmittelbar mit Worten im Gebete wenden können, sooft unser Herz Erleichterung bedarf, daß dann diese Vorstellung bei weitem nicht erhaben genug ist; allein sie ist doch nicht falsch, ist dabei trostreich, erquickend, rührend, und hat von jeher die wohltätigsten Einflüsse auf die Ruhe und Moralität der Menschen geäußert, besonders auf die große Anzahl derer, die keines höhern Geistesschwungs fähig sind und ohne sinnliche Bewegungsgründe zur Pflichterfüllung in Irrtum und Zweifel fallen würden. Eine bloß philosophische Religion ist eine Religion für Philosophen, also für wenig Menschen. Es liegt außer den Grenzen meines Zwecks und vielleicht auch meiner Kräfte, hier eine Untersuchung anzustellen, ob die Ordnung der bürgerlichen Gesellschaft ohne positive Religion, ohne den Glauben an Offen-

barungen, würde bestehn können; ob die Offenbarung der christlichen Religion nur Bestätigung der Vernunft sei und uns keine andre Wahrheiten lehre, als zu welchen uns reifes Nachdenken, obgleich später, auch würde geführt haben. Das aber ist doch ausgemacht, daß das Christentum die Fortschritte und allgemeine Ausbreitung der tröstlichsten und erhabensten Wahrheiten befördert und beschleunigt hat und es jetzt nicht mehr möglich ist, sich die Moral ohne den Einfluß, den jenes darauf gehabt hat, zu denken.

19. Indem ich aber von der Undankbarkeit gegen religiöse Gefühle und Meinungen rede, bin ich doch weit entfernt, auch dem Aberglauben, den Vorurteilen, der Schwärmerei, den dunkeln, unbestimmten Gefühlen, die mit den Grundsätzen einer gesunden Vernunft, welche uns der Schöpfer zur Leiterin gegeben hat, in offenbarem Widerspruche stehen, das Wort zu reden. Diesen haben wir gewiß nichts bleibend Gutes zu verdanken. Vielmehr pflegen sie zum geistlichen Stolze, zur Unduldsamkeit, zum Verfolgungsgeiste, zur Heuchelei zu führen und vertragen sich nicht selten, wie uns das Beispiele lehren, mit einem wollüstigen, üppigen, unnütz verschwelgten oder verträumten Leben. Der von Enthusiasten so hoch gepriesene, entzückend selige Zustand, in welchen Schwärmerei und dunkle Gefühle versetzen, ist nichts als ein Rausch; die Freuden der Träumerei und Phantasie sind vorübergehend, gewähren kein dauerhaftes Glück, und die betrügliche Ruhe, die auf den Glauben an offenbare Vorurteile, an willkürliche, nicht erweisliche Voraussetzungen gebauet ist, kann einem denkenden Wesen nicht wünschenswert sein.

20. Lasset uns jetzt von einigen Arten des Undanks reden, dessen sich die Menschen gegen einander, in den verschiedenen Verhältnissen des Lebens, schuldig machen!

Den gegründetsten Anspruch auf unsre Dankbarkeit haben gewiß diejenigen Personen, denen wir die Erhaltung unsrer Existenz, unsrer Bildung und Erziehung schuldig sind; und dennoch wird vielleicht keine Bemühung so schlecht vergolten und erkannt wie die, welche Eltern, Pflegeeltern, Lehrer und Hofmeister zum Wohl ihrer Kinder und Zöglinge anwenden. Es ist eine sehr gemeine Bemerkung, daß Eltern fast immer mit größerer Zärtlichkeit ihren Kindern zugetan sind, als sie von ihnen geliebt werden. Es mag wohl sein, daß hieran zuweilen die Eitelkeit ihren Teil hat und daß die Eltern in den Kindern, die sie gleichsam wie ein Werk ihrer Schöpfung ansehen, sich selbst gefallen. Hier ist aber nicht von der Lebhaftigkeit solcher Empfindungen die Rede, über welche man nicht immer Meister ist und von denen man also der Vernunft keine Rechenschaft geben kann, sondern von Ausübung der moralischen Pflicht der Dankbarkeit gegen schätzbare Personen, die sich durch treue Sorgfalt für unsre bessere Existenz um uns verdient gemacht haben. Ich übergehe die Fälle, wo niederträchtiger Undank, wo Mißhandlung aller Art der treuesten Wartung, Pflege und Aufopferung zum Lohne wird, ungeachtet diese Fälle nicht so ganz selten sind; wir wollen die Menschheit nicht in ihren verworfenen Abarten betrachten, sondern nur das vor Augen nehmen, was am häufigsten geschieht. Es ist auch wohl gewiß, daß manche Eltern und Erzieher ihre Forderungen und Ansprüche auf Dank und Abhängigkeit zu weit ausdehnen. Sie verlangen dann, daß die Kinder und Zöglinge lebenslang unmündig bleiben, durchaus keinen eigenen Willen haben, keine eigene Einsichten geltend machen, oder daß sie in sklavischer Abhängigkeit von ihnen, nur für sie, durch sie und auf ihre Winke tätig sein sollen; oder sie vergessen den Unterschied, der unter den Neigungen der verschiedenen Menschenalter statt hat, entziehen den jungen Leuten jeden Genuß unschuldiger Jugendfreuden und verlangen, daß sie, bei ihrem Eintritte in die Welt, ebenso unempfindlich für die Reizungen anlockender Gegenstände sein sollen, wie sie es, am Ende ihrer Laufbahn, nach vieljähriger Übersättigung sind. Dies alles aber bei Seite gesetzt; wie wenig junge Leute gibt es da, besonders in unsern Tagen, die es lebhaft und innig fühlen und tätig beweisen, wieviel sie denen schuldig sind, denen sie ihre Bildung zu guten und verständigen Menschen verdanken! Sie denken nicht an die mühselige Wartung, die ihnen in den ersten Jahren der hilflosen Kindheit zuteil geworden ist; nicht an die beschwerliche Arbeit des ersten Unterrichts; nicht an das Opfer der schönsten Jahre, in denen man sich so manche Freude und Zerstreuung versagt hat, um sie nicht ohne Aufsicht, nicht in Händen leichtsinniger Mietlinge zu lassen; nicht an die durchgewachten Nächte, an die Sorgen, Entbehrungen, Anstrengungen und Arbeiten des redlichen Hausvaters, dem der Unterhalt seiner Familie obliegt und oft so schwer wird. Der Ordnung der Natur nach sollte jedes vernünftige Wesen, wenn es sich selbst forthelfen und ernähren kann, nicht länger von dem Fleiße und Vermögen anderer leben; allein bei unsern Verfassungen, besonders in den höhern Ständen, nimmt gewöhnlich erst dann der größere Aufwand, die größere Sorge für die Kinder den Anfang, wenn diese ein Alter erreicht haben, das sie vollkommen in den Stand setzt, mit ihrer Hände Arbeit und mit den erworbenen Kenntnissen ihr Brot zu gewinnen. So verschwendet und verschwelgt zuweilen der Jüngling auf Universitäten eine größere Summe, als die übrigen Mitglieder der Familie, die sich seinetwegen die sparsamste Einschränkung gefallen lassen müssen, zu Hause zu ihrem Unterhalte verwenden; Eltern und Geschwister arbeiten für ihn, der das Geld mit vollen Händen ausspendet. So trägt vielleicht die erwachsene Tochter die ganze jährliche, sauer erworbene Einnahme ihres fleißigen Vaters, in Flitterstaat angelegt, auf einmal an ihrem Körper.

Und wie wenig Ersatz haben nicht nachher oft die Eltern im hohen Alter dafür zu erwarten, wenn dann endlich die Kinder versorgt, glücklich verheiratet sind oder in einträglichen Bedienungen stehen! Es kommt ihnen gar nicht anders in den Sinn, als daß sie ein Eigentumsrecht auf des Vaters Vermögen haben, zu dessen Herbeischaffung von ihrer Seite kein Finger ist gerührt worden. Sie murren über seine Verschwendung, wenn er auch einmal von demjenigen etwas mit genießen will, was ihm allein gehört. Die unbedeutendsten Gefälligkeiten und Aufmerksamkeiten, die sie den Eltern erweisen, rechnen sie sich zum hohen Verdienste an, uneingedenk der unzähligen Opfer, die diese ihnen gebracht haben. Warnung und Rat, Bestreitung ihrer Torheiten, Empfehlung weiser Mäßigkeit und Versagung, auf richtige Erfahrung und reife Vernunft gestützt, nennen sie unerträglichen Zwang, Eigensinn, mürrische Laune. Hat, durch die Sorgfalt der Eltern, Erzieher und Lehrer, ihr Verstand sich so ausgebildet, haben sich ihre Kenntnisse so vermehrt, daß sie vielleicht in einem einzelnen Fache größere Fortschritte als jene machen, so vergessen sie, daß dies ohne eine gute Grundlage unmöglich gewesen sein würde, glauben sich weit über die erhaben, glauben die zu übersehn, welche diese Grundlage gelegt haben, schreiben überhaupt das, was größtenteils fremdes Werk ist, allein auf die Rechnung ihres Fleißes, ihres Scharfsinns und ihrer Naturgaben und überheben sich der Pflicht der Dankbarkeit. Es ist indessen auch nicht weniger wahr, daß die Eitelkeit der Lehrer und ihre Anhänglichkeit an alte Formen sie, wenn sie nicht selbst mit dem Zeitalter fortgerückt sind, oft verleitet, von ihren Schülern blinde Unterwürfigkeit unter den Despotismus ihres Systemgeistes und ihrer Orakelsprüche zu verlangen.

Die undankbarste aller Bemühungen zur Bildung der Jugend ist wohl die eines Prinzenhofmeisters. Es ist bekannt genug, mit welchen Schwierigkeiten aller Art ein solcher Mann zu kämpfen hat. Wird dennoch seine Arbeit mit Erfolge gekrönt, so rechnet man doch fast nie die guten Eigenschaften, welche sein fürstlicher Zögling in der Folge zeigt, dem Mentor zum Verdienste an; der Prinz aber, wenn er herangewachsen oder gar zur Regierung eines Landes gekommen ist, betrachtet seinen bisherigen Führer wie einen beschwerlichen Sittenrichter. Er weiß, daß niemand vertrauter mit seinen Schwachheiten ist als dieser; und das ist schon ein großes Verbrechen. Werden die jüngern Hofschranzen diese Stimmung ihres gnädigen Herrn, den sie möglichst an Leib und Seele zu verderben suchen, gewahr und der ehemalige Hofmeister ist nun vielleicht alt und stumpf geworden, so wird er der Gegenstand ihrer schalen Spöttereien. Froh endlich, wenn er sieht, daß er jedermann im Wege steht, ein mäßiges Jahrgeld in Ruhe genießen zu können, zieht er sich in irgendein Winkelchen des Landes zurück und bringt da den Rest seiner Tage in Verborgenheit zu. Dies ist das Schicksal so vieler Prinzenhofmeister, und fast sollte man argwöhnen, es werde dies Geschäfte allgemein für das undankbarste von allen gehalten, wenn man sieht, daß so oft Leute dazu gewählt werden, die kaum zu irgendeinem andern Geschäfte in der Welt taugen.

Im allgemeinen ist das große Publikum unerkenntlich gegen die Bemühungen der Erzieher. Wie geringschätzig behandelt und wie ärmlich besoldet man nicht noch immer, in so manchen Gegenden, die Schul- und Hauslehrer! Wird ein Jüngling seiner guten Eigenschaften wegen gelobt, so geschieht selten dabei des Mannes Erwähnung, dem er seine Bildung zu danken hat. Will man es an einem jungen Menschen rühmen, daß er sich die Fehler nicht zu Schulden kommen läßt, die an seinem Vater auffallend sind, so erhebt man deswegen seine festen Grundsätze oder seine glückliche Gemütsart. Daran aber wird nicht gedacht, daß vielleicht gerade der weniger vollkommene Vater am sorgsamsten seinen Sohn vor den Fehlern zu bewahren gesucht hat, deren schädlichen Einfluß er lebhaft fühlte, ohne die Kraft zu haben, sich selbst davon zu befrein. Mißlingt hingegen eine Erziehung, so wälzt der große Haufen die Schuld davon fast immer auf die öffentliche oder häusliche Anstalt, in welcher der junge Mensch einen Teil seiner Bildung erhalten hat.

21. Nicht nur für die Verwendung unsrer Kräfte zu dem edlen Zwecke, der Menschheit nützliche Mitglieder zu erziehn, werden wir nur gar zu oft mit Undank belohnt; sondern es muß auch überhaupt jeder, der es sich angelegen sein läßt, andern frohe und glückliche Tage zu bereiten, sich darauf gefaßt machen, von denen selbst, auf die er Wohltaten häuft, verabsäumt, hintergangen, verleumdet, mißhandelt zu werden. Hierüber ist schon im neunten und zehnten Absatze etwas gesagt worden; jetzt nur noch einiges davon!

22. Menschen, deren wir uns, ohne mit ihnen in andern als allgemeinen Verhältnissen zu stehn, kräftig angenommen, sie der Not entrissen, in Wohlstand versetzt, im bürgerlichen Leben zu einträglichen Ämtern erhoben, ihnen Ruf, Bekanntschaften, Schutz und die Gelegenheit verschafft haben, mit ihren Talenten zu wuchern, kehren uns den Rücken, sobald sie unsrer nicht mehr bedürfen, suchen sich auf unsre Unkosten zu erheben, zu bereichern und die Wege zu einem redlichen Fortkommen, die wir ihnen gebahnt haben, uns zu versperren. Personen, denen wir unser Herz ohne Rückhalt eröffneten, wenn sie als Hausfreunde täglich um uns waren und unser Brot aßen, verraten uns, um andre Freunde zu gewinnen, mißbrauchen unser Zutraun, verlästern uns, stiften uns Feindschaften oder plaudern die kleinen Schwachheiten und häuslichen Geheimnisse aus, die sie, bei vertraulichem Um-

gange, uns abgelockt haben. Da es wenig gutherzige Menschen geben wird, die nicht wenigstens einmal in ihrem Leben auf ähnliche Weise sind mißhandelt worden, so enthalte ich mich, von meinen eignen häufigen Erfahrungen dieser Art zu reden.

23. Vergebens erwartest du von Leuten, die du von Elend oder Gefahr errettet hast, sobald das Gefühl der Dankbarkeit in ihren Herzen erstickt und die Wohltat vergessen ist, daß einst, wenn du nicht mehr bist, dein Weib und deine Kinder an ihnen Beschützer, Ratgeber, Helfer finden werden. Kannst du ihnen kein sichrers Vermögen hinterlassen als die Forderungen auf fremde Dankbarkeit, so sind sie schlecht gegen Elend und Dürftigkeit geschützt.

Am empfindlichsten aber schmerzt der Undank, womit Menschen uns kränken, in denen wir die Gefühle treuer, inniger Freundschaft und Liebe erweckt zu haben, die wir für uns geschaffen glaubten, denen wir uns ganz hingaben, ihnen ein ungeteiltes Herz darboten, denen wir mehr aufopferten, als wir vielleicht vor dem Richtstuhle der strengern Vernunft rechtfertigen können, und die das alles so hinnahmen, uns Gegenliebe heuchelten, um den eiteln Triumpf zu schmecken, uns ganz verstrickt, ganz abhängig von sich gemacht zu haben; und die dann die Larve abziehen, zurücktreten und noch wohl uns höhnen, unsrer Schwäche spotten. Wer je auf diese Weise in die Hände eines Egoisten oder einer Koquette gefallen ist, der wird die Härte eines so niederbeugenden Zustandes kennen.

24. Der Arzt, der alle Kräfte seiner Kunst aufbietet, um uns von körperlichen Leiden zu befrein und ein Leben zu fristen, das nützlich für die Welt verwendet werden kann, das redlichen Freunden teuer ist und wovon vielleicht der Wohlstand

einer zahlreichen Familie abhängt, hat den gegründetsten Anspruch auf unsre Dankbarkeit, um so mehr, wenn er seinen Beruf ohne Eigennutz und mit wahrhaftig teilnehmender Menschenliebe erfüllt. Er hat dieselben Ansprüche auch dann, wenn seine Kunst nicht hinreicht, das Übel zu heben, gegen welches er kämpft. Die mehrsten Menschen aber glauben sich aller weitern Verbindlichkeit für so wesentliche Dienste überhoben, wenn sie dem Manne, der sie dem Tode entrissen hat, einige Goldstücke darreichen. Ihre Genesung schreiben sie übrigens der Stärke ihrer Natur zu, jede mißlungene Kur hingegen setzt der große Haufen auf die Rechnung der Ungeschicklichkeit oder Nachlässigkeit des Arztes.

Kränkliche Personen danken oft sehr schlecht denen, welche ihrer warten, pflegen, aus Sorgfalt für sie sich jedes gesellige Vergnügen versagen und allen ihren Launen nur Geduld entgegensetzen, für diese zärtliche Bemühung, verlangen noch immer größere Opfer, und kaum sind sie wieder hergestellt, so mißhandeln sie dieselben Menschen, die so viel Nachsicht mit ihnen gehabt haben.

25. Für die Ausübung der Gastfreundschaft wird uns gewöhnlich auch sehr schlecht gedankt, und die sogenannten Tischfreunde pflegen eben nicht die zu sein, auf welche man am zuverlässigsten rechnen darf. Eine Mahlzeit ist freilich eine geringe Wohltat, und jeder nicht ganz arme Mann hat ja auch zu Hause so viel, als nötig ist, um seinen Hunger zu stillen; allein was aus gutem Herzen, um mit seinen Gästen eine frohe, der Geselligkeit gewidmete Stunde zu verleben, dargereicht wird, verdient immer, der Absicht wegen, Dank, verdient wenigstens nicht so schlecht belohnt zu werden, wie es nur gar zu oft geschieht. Ein Mann, der in dem Rufe steht, gastfrei zu sein, wird zur Ungebühr von müßigen, zudringlichen Leuten überlaufen. Man nimmt keine Rücksicht auf

seine Vermögensumstände, sondern quartiert sich bei ihm ein, läßt sich von ihm bewirten, wenn man da besser, bequemer, angenehmer und wohlfeiler als in einem Gasthofe leben zu können glaubt. Das Haus eines wohlhabenden Mannes, der häufig Gesellschaft bei sich sieht, wird von den meisten Leuten wie ein allgemeiner Sammelplatz betrachtet, wohin man sich begibt, um dort Personen anzutreffen, mit denen man gern seine Zeit hinbringen möchte, ohne in seiner eignen Wohnung Ungemächlichkeit davon zu haben. Um den Hauswirt bekümmert man sich dann wenig, läßt sich's aber auf seine Kosten wohl sein. Noch ist er glücklich, wenn die Herrn und Damen nur zufrieden mit dem vorliebnehmen, was seine Küche und sein Keller vermögen; allein gewöhnlich bekritteln die, welche es sich am besten haben schmecken und die daheim gewiß nicht so viel würden aufgehn lassen, hinterher die Art der Bewirtung, suchen den Mann lächerlich zu machen, der ihnen alle Aufmerksamkeit bewiesen hat, und mißbrauchen die vertraulichen Äußerungen, die ihm beim frohen Mahle entwischt sind, zu seinem Nachteile. Hast du nun vollends das Unglück, für einen Liebhaber und Beförderer der Wissenschaften und Talente zu gelten, so wird bald deine Wohnung zu einer Herberge für alle reisende Gelehrte und Künstler werden. Diese finden Mittel, deine Gastfreundschaft auf vielfache Weise zu ihrem Vorteile zu nützen. Ihre Rechnung im Wirtshause wird geringer, wenn sie an deiner Tafel ihren Hunger stillen; durch dich gelangen sie zu der Kenntnis aller Merkwürdigkeiten, die in deiner Vaterstadt aufzuweisen sind, welches ihnen dann, wenn sie zu der Legion von Büchermachern gehören, Gelegenheit gibt, ein paar Bogen Papier mit den Beobachtungen zu beklecksen, die sie an deiner Seite gemacht haben; bald nachher erlebst du die Freude, in einer schlechten Reisebeschreibung oder in einer Zeitschrift ein verzeichnetes Gemälde deines häuslichen Lebens, eine Schilderung deines Charakters, den sie in wenig Stunden ergründet haben, und eine unbescheidne öffentliche Mitteilung der unbefangenen Reden, die du gegen sie geführt hast, zu lesen und vielleicht deine eigne Ware wieder zu kaufen.

Übrigens geschieht auch manchen Leuten schon Recht, die, aus Eitelkeit und Prahlerei, sich um die Ehre reißen, jeden Fremden, besonders von vornehmem Stande, in ihren Häusern zu bewirten, damit diese sehn sollen, wie groß es bei ihnen hergeht; die jeden Abenteurer von der Straße hereinziehen, um in den Ruf ausgebreiteter Bekanntschaften und Verbindungen zu kommen – es geschieht ihnen schon Recht, wenn hinterher Undank und Spott ihr Lohn ist, wenn vernünftige Leute über die Torheit eines Mannes die Achseln zucken, der sein und seiner zahlreichen Familie Vermögen auf diese Weise verschleudert, wenn endlich, nachdem er sich zu Grunde gerichtet hat oder zur Sparsamkeit zurückgekommen ist, die vornehmen Tischgenossen sich stellen, als kennen sie den Mann nicht, bei dem nichts mehr zu genießen ist, der Haufen der Schmarotzer aber sich um ein Haus wegschleicht, aus welchem sie nicht länger den Duft köstlicher Leckerbissen wittern.

26. Von den allgemeinen und größtenteils sehr gegründeten Klagen über das unedle Betragen der Dienstboten gegen ihre Herrschaften habe ich in dem zweiten Abschnitte der ersten Hauptabteilung § 28 geredet. Was dort von dem Vorwurfe des Eigennutzes gesagt ist, gilt auch in Ansehung des Undanks, dessen sich diese für feinere Gefühle so selten empfängliche Menschenklasse schuldig macht. Wenig Bediente belohnen auch die beste, väterlichste Behandlung mit wahrer Zuneigung. Vergebens sucht man das Gesinde durch Dankbarkeit an sich zu fesseln, indem man sehr junge, ungebildete und rohe Geschöpfe in sein Haus aufnimmt, sie zu nützlichen

Menschen erzieht und zum Wohltäter an ihnen wird. Kaum hat man sie, mit unermüdeter Geduld, so weit gebracht, daß sie uns einige Handreichung leisten können, so fangen sie an, große Forderungen zu machen; rechnen die Reihe ihrer Dienstjahre her; vergessen, daß sie während derselben Unterhalt und Lohn erhalten haben, ohne brauchbar für uns zu sein; verlangen, wenn man einigen Einfluß im bürgerlichen Leben hat, durch unser Vorwort in ein öffentliches Amt eingesetzt zu werden, wozu man nie einige Hoffnung in ihnen genährt hat, oder versuchen es, wenigstens dadurch, daß sie uns zu verlassen drohen, die Erhöhung ihres Jahrgeldes zu ertrotzen. Gelingt das alles nicht, so werden sie mürrisch und saumselig. Bei jedem freundlichen Blicke oder kleinen Gewinne, der einem ihrer Mithausgenossen zuteil wird, äußern sie Mißgunst und Neid. Sie stürmen auf unsre Nachsicht und Geduld los, die sie als Schwäche auslegen, und beklagen sich dagegen über Härte und Strenge, sobald wir sie zur Ordnung und zum Fleiße anhalten. Sie mißbrauchen Herablassung und Vertraun, spotten hinter unserm Rücken her über die kleinen Schwachheiten, die sie uns bei täglichem Umgange abgelauert haben, und bemühen sich, wenn sie endlich den Dienst verlassen müssen, uns verhaßt und lächerlich zu machen. Herrscht in einem Hause Uneinigkeit unter den Mitgliedern der Familie, so beobachten sie genau, welche Partei am häufigsten ihren Willen durchsetzt; zu dieser schlagen sie sich dann, um nicht selten den redlichen Hausvater, dessen Brot sie essen, gemeinschaftlich mit seinem pflichtvergessenen Weibe und ausgearteten Kindern, zu hintergehn, zu kränken und zu verraten.

Einige sehr rührende Beispiele von dankbaren, treuen Dienstboten finden wir hingegen in diesen Zeiten der französischen Staatsumwälzung. Ich habe Bediente gesehn, die ihre ausgewanderten Herrn auch in dem armseligsten Zustande nicht hatten verlassen wollen, sondern mit freudigem Eifer jetzt durch ihrer Hände Arbeit den Mann ernährten, bei dem es ihnen einst in seinen glänzenden Tagen wohlgegangen war. Wo findet man deutsches Gesinde, das solcher Handlungen fähig wäre? Aber freilich werden auch bei uns die untern Volksklassen in der Erziehung so vernachlässigt, daß man keine Grundsätze edlerer Art bei ihnen suchen und selten einen andern als den gebieterischen Ton gegen sie annehmen darf, wenn sie sich nicht vergessen sollen, da hingegen in Frankreich, unter Herrn und Dienern, ein vertraulicherer Umgang mit strenger Unterwürfigkeit sich wohl vereinigen läßt.

27. Sehr traurig ist es aber, daß Personen, denen man, ihrem Stande und ihrer Erziehung nach, erhabenere Gesinnungen zutrauen sollte, in ihren Verhältnissen als Diener des Staats nicht besser als jenes gemeine Gesinde handeln. Es ist unglaublich, wie undankbar sich zuweilen die Günstlinge der Fürsten gegen ihre Herrn betragen, wie weit sie ihre Forderungen für die unwichtigsten Dienste treiben, wie unersättlich ihr Ehrgeiz, ihre Habsucht und ihre Eitelkeit sind und wie unwürdig, trotzig und verächtlich sie oft gegen den Wohltäter verfahren, der sie aus dem Staube emporgehoben, sie mit Glücksgütern und Ehrenstellen überhäuft hat.

28. Von der andern Seite zeugt jedoch auch das Verhalten der Regierungen gegen treue Staatsdiener nicht immer von Erkenntlichkeit. Man nützt die Leute, bei geringer Besoldung, solange sie noch Kräfte haben, wozu sie taugen; wenn sie aber alt und stumpf werden und ihr Vermögen zugesetzt haben, findet man nichts dagegen einzuwenden, wenn sie sich in Ruhe setzen wollen, und wirft ihnen dann jährlich einen Gnadenbrocken hin, wobei sie des Lebens nicht froh werden.

Nichts verleitet aber so sehr zur Nachlässigkeit im Dienste als eine solche Aussicht in die Zukunft und überhaupt jede undankbare Behandlung von seiten der Obern. Wie schwer ist es nicht, immer mit gleichem Eifer fortzuarbeiten, wenn man sieht, daß es nicht erkannt wird und daß niedrige Schmeichler, Augendiener, Windbeutel und Menschen ohne Geschick und Talent zu ehrenvollen, wichtigen und einträglichen Geschäften gebraucht werden, indes man immer wie ein Tagelöhner und Handlanger fortarbeiten und Kleinigkeiten treiben muß!

29. Nirgends darf man weniger die Dankbarkeit suchen als da, wo überhaupt keine Tugend einheimisch zu sein pflegt – ich meine: an Höfen. Hier arbeitet jeder nur darauf los, sich auf Unkosten andrer Vorteile zu erschleichen, und tritt mit lachendem Munde den Wohltäter unter die Füße, wenn der Weg zum vermeintlichen Glücke über diesen hin geht. Auch wird da der stillschweigende Vertrag, sich einander soviel möglich zu betrügen, allgemein anerkannt. Niemand erwartet etwas anders oder verlangt mehr, als daß dies nur mit gehöriger Manier geschehe. Man bleibt in immerwährendem Verteidigungsstande und hält sich gegenseitig durch Furcht in den Schranken.

30. Der große Haufen ist fast immer undankbar gegen die Bemühungen derjenigen Männer, welche das Ruder der Staaten führen. Ohne einen Begriff von der Last zu haben, die auf den Schultern der Regenten liegt, von den Schwierigkeiten, die ihnen von allen Seiten her Eigennutz, Betrug, Widerspenstigkeit und Nachlässigkeit in den Weg legen; ohne zu überlegen, daß, wenn ein Fürst oder ein Minister auch hundert Augen hätte, er doch nicht durch alle diese Täuschungen hindurchzuschaun vermöchte; ohne zu bedenken, daß Unvollkommenheit von allen menschlichen Anstalten und Einrich-

tungen unzertrennlich ist; daß die Befriedigung aller Wünsche jedes einzelnen sich unmöglich mit der Wohlfahrt des Ganzen vereinigen läßt; daß auch manche offenbare Mißbräuche mit dem Systeme, worauf die allgemeine Ordnung beruht, so fest und vielfach verwebt sind, daß sie, wenigstens nicht auf einmal, ausgerottet werden können, ohne eine noch schädlichere Verwirrung anzurichten; wirft jeder sich zum Richter und Tadler in Regierungssachen auf. Aber was würde wohl aus manchen Ländern werden, wenn man an die Spitze der Geschäfte solche Klügler stellte, die oft ihr eignes Hauswesen nicht zu verwalten verstehen?

31. Politischer Parteigeist macht undankbar gegen die wohltätigsten Verfügungen der Regenten. Man hat Beispiele in der Geschichte, daß Monarchen, wenn sie, zum Wohl der Völker, die Teilnahme an einem verderblichen Kriege von sich abgelehnet oder, um von ihren Grenzen die Greuel der Verheerung abzuwenden, früher als ihre Verbündeten den Frieden geschlossen haben, auf die schändlichste Weise von der durch Eigennutz zu noch längerer Fortsetzung des Krieges gereizten Partei sind verlästert worden und daß in diesen Ton selbst die Bewohner solcher Provinzen mit eingestimmt haben, welchen die wohltätigen Früchte jenes Friedens vorzüglich mit zuteil wurden.

32. Nationalstolz, Neid, Eitelkeit, Vorurteil und Leichtsinn machen undankbar gegen ganze Nationen, gegen besondre Klassen und Stände und gegen lebende und verstorbene einzelne große Männer. Von jeder dieser Arten des Undanks wollen wir einige Beispiele vor Augen nehmen.

Von der Zeit an, da sich unsre deutsche Literatur ein wenig aus der Dunkelheit hervorgehoben hat, so daß unsre Geistesprodukte kaum anfangen, auch der Ausländer Aufmerksamkeit auf sich zu ziehn, fehlt es nicht an einheimischen Schriftstellern, die, in ihrem Dünkel, unsern Geschmack und unsre Gelehrsamkeit schon jetzt auf einem solchen Gipfel der Vollkommenheit zu erblicken wähnen, daß sie dreist alle andre Völkerschaften auffordern, ihre Werke gegen die unsrigen auf die Waage zu legen. Besonders ist es bei diesen Herrn zur Sitte geworden, der französischen Oberflächlichkeit in wissenschaftlichen Fächern, der Charakterlosigkeit dieser Nation, der Leichtfertigkeit ihrer Sitten und des wäßrigen, schalen Geschmacks, der in ihren poetischen und andern Kunstwerken herrscht, zu spotten. Dabei freuet man sich, wenn man durch eine Stelle aus einem französischen Schriftsteller (der etwa den, für ihn unbedeutenden, Namen eines unsrer Büchermacher oder eines Landstädtchens, eines Wässerchens, das wir einen Strom nennen, unrichtig schreibt oder eine unsrer unzähligen Residenzen mit der andern verwechselt) den Beweis ihrer Unwissenheit begründen kann. Deutscher Fleiß, deutsche Gründlichkeit, Treue, Wahrhaftigkeit und Biedersinn, gute alte Sitte und Häuslichkeit verdienen gewiß alle Achtung; allein lasset uns auch erkennen, daß es den Leuten jenseits des Rheins wahrlich nicht an gründlichen Gelehrten, besonders in dem Fache der Geschichte, der Naturkunde, der Arzeneikunst und der mathematischen Wissenschaften gefehlt hat und noch fehlt! Lasset es uns nicht vergessen, daß wir dem Studium ihrer Literatur zuerst die Wohltat verdanken, uns von den schwerfälligen Banden einer widrigen Pedanterei losgemacht und die Kunst gelernt zu haben, auch ernsthafte Gegenstände in ein gefälliges Gewand zu hüllen, der Wahrheit durch Lebhaftigkeit und Anmut des Vortrags allgemeinern Eingang zu verschaffen, nach ihrem Vorbilde auch unsre Sprache zu reinigen und bestimmten Gesetzen zu unterwerfen; endlich, daß unser Theater zuerst durch die Nachahmung des ihrigen das geworden, was es nun ist, und daß, wenn ihre Trauerspiele jetzt für uns zu leichte Speise sind, wir hingegen im Lustspiele sie noch lange nicht erreicht haben! Lasset es uns nicht vergessen, daß durch die vertrautere Bekanntschaft mit den französischen Sitten der Ton unsers geselligen Umgangs leichter, ungezwungener und unterhaltender geworden und daß dadurch bei uns der Sinn für die feinern Aufmerksamkeiten und Gefälligkeiten zuerst erweckt worden ist. Sind wir hie und da in der Nachahmung zu weit gegangen; haben sich einzelne Deutsche oder ganze Klassen und Gegenden statt gebildeter Franzosen Karikaturen und Abartungen zu Muster gewählt; haben wir, zugleich mit dem Guten, auch Fehler und Laster mit angenommen; wen anders als uns selbst dürfen wir dann deswegen anklagen?

33. Der Undankbarkeit gegen ganze Stände machen wir uns unter andern durch zu allgemeine Schmähungen des Adels und des Priesterstandes schuldig. Ich kann wohl nicht leicht in den Verdacht kommen, als redete ich den in unser Zeitalter gar nicht passenden Vorurteilen der privilegierten Stände, der geistlichen Hierarchie und dem Mönchswesen das Wort; allein wenn wir die Torheit dieser Klassen und den Unfug, den sie von jeher angerichtet haben, rügen, so lasset es uns auch nicht mit Stillschweigen übergehn, daß eine liberalere Denkungsart, daß Gastfreundschaft, daß Begriffe von wahrer Ehre, von Großmut gegen niedergedrückte Feinde, von Treue und Glauben, von Schuztverleihung an unschuldig Gekränkte, von Zartgefühl in der Verbindung zwischen beiden Geschlechten zum Teil noch Überbleibsel aus den alten romantischen Ritterzeiten sind und daß manche Wissenschaften, Kenntnisse und literarische Schätze während dem barbarischen mittlern Zeitalter in den Klöstern aufbewahrt, durch Mönche und Weltgeistliche von dem gänzlichen Untergange gerettet und auf die Nachkommenschaft sind gebracht wor-

den – ja! daß unsre wohltätige Reformation selbst das Werk eines ehemaligen Mönchs gewesen ist.

34. Die Undankbarkeit des deutschen Publikums gegen große Männer und die Ungerechtigkeit, womit es die Verdienste derjenigen zu mißkennen oder zu vergessen pflegt, die durch edle, nützliche Taten oder durch ihre Schriften sich als Wohltäter der Nation, der Nachwelt und der ganzen Menschheit ausgezeichnet haben, sind zu allgemein, als daß es schwerfallen könnte, Beispiele von der Art anzuführen. Man ist in Deutschland nur zu bereit, den Mann bis an die Wolken zu erheben, zu vergöttern, ihn auf Unkosten aller seiner Vorgänger und Mitwerber zu loben, der auf irgendeine Weise Aufsehn erregt, eine veränderte Ordnung der Dinge bewirkt, ein neues Lehrgebäude aufstellt oder in einer eignen Manier arbeitet; allein kaum tritt ein andrer Held des Tages auf, so rennt der nachäffende Haufen hinter diesem her; das brauchbarere, bessere Alte wird durch neues Flickwerk verdrängt, kommt aus der Mode, und da, wo man wirklich zu größerer Vollkommenheit fortgerückt ist, verleugnet man den Dank, welchen man denjenigen Männern schuldig geworden, auf deren mühsam gelegten Grund man, ohne große Anstrengung, gebauet hat; ihre Namen werden kaum genannt, ja! man spottet wohl gar ihrer altväterischen Weise und vergißt, mit welchen Schwierigkeiten sie zu kämpfen gehabt haben, um uns den Weg zu höherer Ausbildung zu bahnen. Unsre ältern Dichter und vorzüglichsten prosaischen Schriftsteller in dem Fache der schönen Literatur: Hagedorn, Uz, Lichtwer, Gellert, Kleist, Cronegk, Gleim, Rabener u.s.f. liest fast niemand mehr. Unsre jungen Leiermänner, Romanensudler und Komödienfabrikanten zucken die Achseln über diese Klassiker. Kaum läßt man noch den unsterblichen Lessing gelten, obgleich er leider! keine Ritterstücke geschrieben hat. Herr

Haschka heult Oden und glaubt wohl kaum, daß der noch von keinem unsrer lyrischen Dichter übertroffene Ramler etwas Ähnliches würde haben zustande bringen können, wenn ihn die hochwürdigen *Patres societatis Iesu* in Wien gebildet hätten. Daß der arme Gottsched, der doch wahrlich wenigstens den Eifer für die Vervollkommnung unsrer Sprache erweckt hat, sich von jedem Stümper, der noch schlechter schreibt als er (obgleich in andrer Manier), muß verhöhnen lassen, versteht sich von selber.

Den verächtlichsten Undank zeigen die unbärtigen Weltweisen in unsern Tagen gegen die Verdienste der Wolffischen Philosophie. Seit mehrern Jahrtausenden sind wir in der Gewißheit über metaphysische Gegenstände nicht um einen einzigen Schritt fortgerückt. Wir wissen von dem Wesen der Dinge, von dem Zusammenhange im Universum, von der alles belebenden Kraft, von der unsichtbaren Natur – nichts. Vergebens versuchen wir es, die alltäglichsten Erscheinungen aus der Vernunft zu erklären. Wir sehen überall Bewegung und nehmen doch nirgends einen leeren Raum an, in welchem sich die Materie bewegen könnte. So widersprechen sich unsre Lehrsätze, und in jedem Augenblicke stürzen die gemeinsten, unleugbarsten Erfahrungen ganze Kettenreihen unsrer Theorien über den Haufen. Es ist nicht nur keine einzige unleugbar erweisliche neue Wahrheit in diesem Fache durch Schlußfolgen *a priori* entdeckt worden (auch wird wohl nie der Menschheit auf Erden das Los zu Teil werden, da klar zu sehn, wohin die Sinne nicht reichen), sondern selbst der Kreis, den unsre Spekulationen durchlaufen, um wenigstens Wahrscheinlichkeit und Zusammenhang in unsre Träume zu bringen, scheint längst geschlossen zu sein. Wer die Werke der ältern philosophischen Schulen studiert hat und sich nicht neue Kunstwörter, Einkleidungen und Mischungen, das heißt: neue Formen für neue Materien, aufhängen läßt, weiß recht gut, was er von dem Posaunentone der unbescheidenen Anhänger gewisser Systeme halten soll. Allein eben um die Form, in welcher wir unsre Ahnungen von den Gegenständen, die über unsern irdischen Gesichtskreis hinaus liegen, ordnen und andern in gehöriger Deutlichkeit mitteilen können, hat die Wolffische Philosophie sich unendliche Verdienste erworben. Noch aber wurde uns Deutschen von den Ausländern unser barbarischer, steifer, pedantischer, unnötigerweise mit ausländischen Wörtern und Kunstausdrücken überladener Schulstil zum Vorwurfe gemacht. Auch diesen Mißstand haben dann die vorzüglichsten unsrer philosophischen Schriftsteller in diesem Jahrhunderte gehoben. Ich brauche nur die Namen Moses Mendelssohn und Garve zu nennen, um Beispiele von Männern anzuführen, die uns gezeigt haben, daß sich sowohl spekulative als praktische Sätze der Vernunftweisheit so vortragen lassen, daß sie wenigstens solchen Personen, die sich gewöhnt haben, ihre Aufmerksamkeit auf ernsthafte Gegenstande zu heften, verständlich und annehmlich werden. Sie haben uns gezeigt, daß man Gründlichkeit mit Deutlichkeit und Anmut vereinigen könne – nicht mit der Anmut der Poesie oder der Rednerkünste und der sogenannten Schönschreiberei, welche die Einbildung und das Gefühl auf Kosten der Vernunft bestechen, sondern mit *der* Anmut, die Klarheit und Würde erzeugen. Auf diesem Wege hätten wir fortarbeiten sollen, um von dem, was allen Klassen von Menschen wichtig ist, auch unter alle Klassen von Menschen wenigstens so helle Begriffe zu verbreiten, als zu Befriedigung einer lobenswerten Wißbegierde und zu Beruhigung ihrer Herzen nützlich sein kann; allein nun tritt eine neue philosophische Schule auf, die in einer so barbarischen Sprache, als noch nie in Büchern geredet worden, ein System auslegt, dessen Grundzüge freilich in einem Zeitalter, in welchem man das Studium der alten Literatur und der Geschichte der Philosophie so sehr zu vernachlässigen anfängt, leicht für neu gelten und Anhänger finden können. Gewiß ist es dem würdigen Stifter dieser philosophischen Sekte, der für sein System eine Einkleidung wählte, die ihm grade die passendste schien, gar nicht eingefallen, damit eine Norm zu einer allgemeinen neuen philosophischen Sprache zu erfinden. Auch können die Unbescheidenheit und Marktschreierei einiger seiner Schüler keineswegs auf seine Rechnung kommen. Allein, wie es dann in Deutschland geht, nicht genug, daß mit diesem Abrakadabra philosophische Abhandlungen ausgeschmückt werden, glaubt der Haufen unverständiger Nachahmer sich ein gelehrtes Ansehn zu geben, indem er sogar ästhetische Gegenstände auf diese Weise behandelt. Das heißt in der Tat die Regeln des guten Geschmacks in einer allen guten Geschmack empörenden Sprache vortragen. Ja! politische und ökonomische Schriften werden in eine widersinnige Form dieser Art gebracht, mit fremden Kunstwörtern ausgeschmückt, und erst kürzlich hat mir ein junger Mann, auf meine Bitte, von Jena aus eine Vorschrift geschickt, wie man Met (ein gegornes Getränke, aus Honig gebrauet) verfertigt, in welchem die Wörter *transzendental, Perfektibilität* und *Kategorie* vorkommen. Doch immerhin könnte man es ruhig mit ansehn, daß diese Pedanterei eine kurze Zeit hindurch (denn lange wird sie sich wohl nicht erhalten) im Schwange ginge; wenn man aber hören muß, mit welchem Übermute, mit welcher Prahlerei der Troß der Nachahmer und blinden Bewunderer von den neuen Lehren und wie wegwerfend hingegen er von den Werken und Entdeckungen der weisesten und scharfsinnigsten Männer, die vor diesem Zeitpunkte sich allgemeine Achtung erworben haben, redet; welchen entscheidenden, absprechenden, höhnenden Ton diese Männlein über jeden anstimmen, der Zweifel gegen die Neuheit, Haltbarkeit, Folgerichtigkeit und gegen den Zusammenhang dieses Systems äußert; so kann man sich eines bittern Unwillens nicht erwehren.*

35. Es würde ein garstiger Flecken in dem deutschen Nationalcharakter sein, wenn es sich beweisen ließe, daß wir undankbarer gegen die Verdienste unserer lebenden und ver-

---

* Es ist, meiner Meinung nach, der höchste Triumph der echten Wahrheit, Weisheit und Erkenntnis, wenn sie sich in der größten Klarheit und Einfalt darstellen läßt. Die Kunst, über wichtige Gegenstände zugleich gründlich und populär zu schreiben, erfordert ein nicht gemeines Talent und Studium. Wer seine Sätze in einen dunkeln Vortrag einhüllt, täuscht gewöhnlich nur gar zu leicht entweder sich selbst oder will andre täuschen, indem er neue Worte für neue Sachen hält oder ausgibt. Neue Wahrheiten lassen sich, genau genommen, vielleicht gar nicht mehr in dieser Welt erfinden, wohl aber neue Verbindungen von Gedanken; allein auch zu diesen bedarf es keiner neuen Sprache. Es gibt keine geometrische Aufgabe, wovon die Auflösung, im strengsten Verstande, sich nicht in die gemeine Sprache übersetzen ließe. Allein die algebraische Form ist freilich für den Kunstverständigen einfacher und deutlicher. Derselbe Fall tritt bei andern positiven Wissenschaften ein; Kunstwörter kürzen oft den Ausdruck ab; Anatomiker haben jedem Muskel, Naturkündiger jeder Pflanze einen Namen gegeben, und es ist bequemer, sich an diese Namen als an Umschreibungen zu halten; auch haben nur Kunstverständige ein Interesse, über solche Gegenstände zu reden, und lassen sich die Mühe nicht verdrießen, die einmal eingeführte Sprache zu erlernen. Ist hingegen von Sätzen, von Lehren die Rede, welche für jedes denkende Wesen ein hohes Interesse haben; so ist es Pflicht, seinem Vortrage so viel Deutlichkeit zu geben, als mit Gründlichkeit bestehn kann; und da zeigt sich's dann fast immer, daß Gründlichkeit und Deutlichkeit sich einander gar nicht im Wege stehen, sondern vielmehr sich wechselseitig unterstützen. Will nun aber gar eine kleine Anzahl Menschen den Übrigen eine allein von ihnen erfundene dunkle Sprache aufdringen, so muß das, was sie auf diese Weise vortragen, so wichtig und zugleich so neu sein, daß die Mühe, die ein gebildeter Mann auf die Entzifferung verwendet, belohnt werde. Sieht er sich von dieser Seite getäuscht, so darf ihn das Geschrei der Partei, daß er sie nicht verstanden, nicht Scharfsinn genug habe, in den Geist ihrer Lehren zu dringen, so wenig wie die zu erwartenden Schmähungen parteiischer Kunstrichter abhalten, das zu behaupten, was ihm seine nüchterne Vernunft eingibt, und das ohne Ansehn der Person. – Ich weiß wohl, daß diese Äußerungen vielleicht um einige Jahre zu früh kommen und daß mein Buch mit solchen Sätzen wenig Glück machen wird; aber das kümmert mich nicht. Mode, Autorität, fremde Machtsprüche und Menschenfurcht haben von jeher wenig Gewalt über mich gehabt.

storbenen großen Männer und geneigter wären, Schwachheiten und Untugenden an ihnen aufzusuchen, um sie von der Höhe herabzuziehn, auf welcher ungern der Neid sie über sich hervorragen sieht. Allein dieses Sträuben gegen die Anerkennung eines Übergewichts, das dem mindern Verdienste einen Vorwurf aus seiner Mittelmäßigkeit zu machen scheint, ist wohl unter allen Himmelsstrichen so einheimisch, daß Verunglimpfungen und Verfolgungen fast immer die Begleiterinnen und zugleich die Kennzeichen des höhern Werts sind. Es ist wahr, daß diese Unart bei uns sehr weit getrieben wird. Hat ein Feldherr sich durch eine lange Reihe glänzender Taten ausgezeichnet, die man nicht auf die Rechnung des blinden Glücks schreiben kann; befördert ein Fürst, durch weise Anordnungen und wahrhaftig väterliche Sorgfalt, die Wohlfahrt und Ruhe seines Volks, den Flor des Landes und erweckt dadurch die Scheelsucht der Nachbarn, so fehlt es nicht an Leuten, die sich ein Geschäfte daraus machen, seinen Privatcharakter anzugreifen, seine kleinen Schwachheiten an das Licht zu ziehn und, wenn sie sonst nichts wissen, das Verdienst seiner Taten auf kluge Ratgeber im Felde und im Kabinette schieben – gleich als wenn es nicht schon einen hohen Grad von Weisheit verriete, wenn man die besten Ratgeber auszuwählen versteht und guten Rat anzunehmen, zu nützen und zu befolgen weiß! Auch Schriftsteller von Bedeutung werden, zum Danke für das Vergnügen, das sie dem Publikum gewährt, und für den Nutzen, den sie gestiftet haben, nicht selten von seiten ihrer Talente und ihres moralischen Charakters verlästert. Man weiß, wie der arme Rousseau von seinen Zeitgenossen und von der Nachkommenschaft ist behandelt worden. Welche schändliche Angriffe sich kürzlich ein Paar nichtswürdiger Menschen gegen die Ehre des verstorbenen verdienstvollen Bode erlaubt hat, das ist auch bekannt genug. Sterne-Yorick galt lange Zeit hindurch mit Recht für eines der vorzüglichsten Originalgenies; seine unerreichbare, herrliche Laune, sein Scharfblick, sein feiner Takt und sein unvergleichlicher Witz waren der Gegenstand der allgemeinen Bewunderung. Nun aber hat kürzlich ein gewisser Engländer, Herr Ferriar, die schöne Entdekkung gemacht, daß Sterne nichts weiter als ein Ausschreiber, Plünderer und Nachahmer, besonders der alten Schriftsteller Rabelais und Burton, gewesen sei. – Wir wollen dem Herrn Ferriar, zur Dankbarkeit für die Mitteilung dieser Entdeckung, das Talent wünschen, mit soviel Geschicklichkeit wie Yorick zu stehlen.

36. Lebende verdienstvolle Männer, edle Streiter für Wahrheit und Tugend, müssen es sich, besonders wenn sie kühn die herrschenden Torheiten angreifen und böse Ränke aufdecken, zum Lohne für ihren treuen Eifer auch oft gefallen lassen, verleumdet und niedriger Absichten beschuldigt zu werden. Läßt ihnen auch der bessere Teil des Publikums Gerechtigkeit widerfahren, so wird doch durch dergleichen Schmähungen nicht selten der Kreis ihrer nützlichen Wirksamkeit beengt, und sie selbst werden am Ende des immerwährenden Kämpfens und der undankbaren Arbeit müde.

37. Die Gerechtigkeit fordert aber, daß wenn wir von der Unerkenntlichkeit des Publikums gegen große Männer reden, wir nicht verschweigen, daß diese auch zuweilen nicht sehr dankbar für die Ehre sind, die sie einernten; daß sie dem Neide sehr große Blößen geben; daß sie, wenn sie sich einen gewissen Ruf erworben zu haben glauben, durch Eitelkeit oder Hochmut geblendet, nicht mehr so sorgfältig über sich wachen, in ihrer fernern Ausbildung zur Vollkommenheit nicht weiter fortrücken, die allgemeine Stimme nicht genug ehren und zu verlangen scheinen, daß man alles für Orakelsprüche und Meisterstücke von Weisheit und Kunst halten soll, was nachlässig und sorglos aus ihrem Munde oder aus ihrer Feder kommt.

SCHLUSS

Und nun lasset uns dann die nicht sehr angenehmen Betrachtungen über den Eigennutz und Undank der Menschen beschließen! Es ist schwer, bei Behandlung solcher Gegenstände, über die man selbst so manche niederschlagende und empörende Erfahrung gemacht hat, ohne Bitterkeit zu reden und ohne in den deklamatorischen Ton zu fallen, der doch dem philosophischen Forscher nicht ziemt. Indessen darf der Unwillen des verständigen Mannes über diese Verkehrtheiten nur vorübergehend sein, nicht aber in Menschenhaß ausarten. Wenn man sich grade mit der genauern Beobachtung solcher moralischer Gebrechen beschäftigt, so reißt das manche alte Wunde wieder auf; aber ein Augenblick von kaltblütiger Überlegung und der Gedanke, daß die mehrsten unsrer Brüder mehr aus Irrtum und Mangel an Einsicht als aus Bösartigkeit fehlen, versöhnt dann wieder mit der Menschheit.

Oft betrogen, mißhandelt und mißbraucht, bauet man freilich nicht mehr so leicht und glaubt nicht so schnell an die uneigennützige Zuneigung noch an die zu erwartende Dankbarkeit. Man wundert sich weniger darüber, daß man hintergangen wird, als man sich darüber freuet, wenn wenigstens dieselben Menschen uns nur einmal betrogen haben. Man verschließt sich nach und nach in sich selbst, möchte am Ende seiner Tage nun auch ein wenig sich selber leben, wenn man lange genug nur für andre gelebt hat. Aber darum hört man doch nicht auf, Gutes zu tun, wenn sich die Gelegenheit dazu zeigt; nur sucht man diese Gelegenheit vielleicht nicht mehr mit so viel Eifer, dringt seine Dienstleistungen niemanden auf. Wenn diese Stimmung von einer Seite den Kreis der

Wohltätigkeit beschränkt, so erweitert sie ihn von der andern auch wieder. Denn wer nicht viel von den Menschen erwartet und fordert; wer nicht nur, wie die mehrsten Leute, sich nicht gleich erzürnt, wenn ihm das nicht zu Teil wird, was bloß von der Gefälligkeit, dem freien Willen und dem Wohlwollen andrer abhängt; sondern wer auch nicht einmal auf dasjenige, was er als Pflicht erheischen könnte, sichre Rechnung macht; wer sich bestrebt, sowenig wie möglich andrer zu bedürfen und für die Dienste, welche er, aus Liebe zum Ganzen, seinen Mitgeschöpfen leistet, keine Gegendienste fordert; der wird durch das undankbare und eigennützige Betragen derer, die ihn umgeben, nicht abgehalten werden, den Weg zu wandeln, den Kopf und Herz ihm vorzeichnen.

Rousseau sagt: er liebe die einzelnen Menschen, aber nicht die Menschen im Ganzen. Ich möchte wohl im Gegenteil sagen: ich liebe mehr die Menschheit als die einzelnen Menschen. Es ist mit der Zusammenlebung in der Welt wie mit den mehrsten großen Orchestern. Vollstimmige Sachen werden leidlich gut vorgetragen; die einzelnen Fehler laufen mit durch, ohne das Ganze widrig zu machen und die Huptharmonie zu stören. Als Ripienspieler in diesem allgemeinen Konzerte sind die mehrsten Menschen gut genug; auch trägt wohl hie und da einmal einer eine obligate Passage angenehm und richtig vor – allein lang darf diese nicht sein, und sehr in der Nähe darf man auch nicht zuhören. Der wahren Virtuosen, die man als Solospieler oft und lange und in seinem Kabinette hören möchte, gibt es wenige; aber diese wenigen machen uns dann auch das Menschengeschlecht wert und versöhnen uns mit den übrigen, die doch auch dasein müssen, wenn man große Sachen aufführen will.

Eine umfassende Analyse des Witzes.
Ein Glanzstück akademischer Essayistik des 19. Jahrhunderts.

Kuno Fischer

Über den Witz.

Ein philosophischer Essay.

1996. 115 Seiten. geb.
32,– DM / 237,– öS / 31,– sfr
(»Promenade 5«)
ISBN 3-931402-01-0

verlegt von
Klöpfer & Meyer

In kritischer Auseinandersetzung mit Jean Paul bestimmt Kuno Fischer den Witz als ein »spielendes Urteil« – und er verfolgt ihn nicht nur in seiner Entstehungsgeschichte, sondern auch in seinen Entwicklungsformen, vom Klangwitz über das Wortspiel, vom lächerlichen Irrtum über den Mutterwitz und Unsinn, vom Epigramm über die Satire bis zur Vollendung des Witzes im Humor. Sein Essay ist eine Summe der idealistischen Überlegungen zum Komischen, die erst durch Freuds neuartigen Ansatz erweitert wurde.

Kuno Fischer wurde am 23. Juli 1824 in Sandewalde/Schlesien geboren, er starb am 5. Juli 1907 in Heidelberg. Philosoph, Literaturhistoriker, einer der ganz großen porträtierenden Essayisten des 19. Jahrhunderts. Berühmt wurde er durch seine zehnbändige »Geschichte der neuern Philosophie«, an der er über 50 Jahre arbeitete.

Die Geschichte eines Mißverhältnisses, das gewiß nicht ohne Folgen für die Philosophie geblieben ist.

Friedrich Wilhelm Korff

Der Philosoph und die Frau.

Zur Geschichte
einer Mesalliance.

2. Aufl. 1995.
123 Seiten. geb. mit Abb.
29,– DM / 215,– öS / 28,50 sfr
(»Promenade 1«)
ISBN 3-9803240-4-4

Kant, Hegel, Kierkegaard, Schopenhauer, Schelling – und ›die‹ Frau. Diese Essays beschreiben die Geschichte einer Mesalliance, die nun gewiß nicht ohne Folgen für die Philosophie geblieben ist, doch merkwürdigerweise kaum je die ihr gebührende Beachtung gefunden hat.

»Friedrich Wilhelm Korff bekämpft die flachen Vorurteile vieler Tiefdenker auf die beste Art: durch Wegschmunzeln.« *Der Spiegel*

»Eine allererfreulichste Lektüre.« *Johannes Gross, FAZ-Magazin*

»Ein ganz besonderes Vergnügen an der kleinen Sammlung besteht darin, die beigegebenen Porträts im Lichte der galanten Anmerkungen neu zu ›lesen‹.« *Fritz Göttler, Süddeutsche Zeitung*

verlegt von
Klöpfer & Meyer

Die »Promenade« wird von Gert Ueding herausgegeben.

Die Deutsche Bibliothek – CIP-Einheitsaufnahme

Knigge, Adolph Frhr. von: Über Eigennutz und Undank : ein Gegenstück zu dem Buche: Über den Umgang mit Menschen / von Adolph Frhr. von Knigge. – Tübingen : Klöpfer und Meyer, 1996 (Promenade ; 6) ISBN 3-931402-09-6 NE: GT

Abbildungen

Die Abbildung auf S. 4 ist dem folgenden Ausstellungskatalog entnommen: E. O. Fehn, P. Raabe, L. Ritterhoff (Hrsg.), Ob Baron Knigge auch wirklich todt ist? Eine Ausstellung zum 225. Geburtstag des Adolph Freiherrn Knigge in der Herzog August Bibliothek Wolfenbüttel, o. O. 1977. – Die übrigen Illustrationen zu dieser Ausgabe stammen aus Daniel Chodowieckis Bilderzyklus »Natürliche und affectirte Handlungen des Lebens« (1779).

Lektorat: Hubert Klöpfer, Tübingen. Satz und Herstellung: Klaus Meyer, Tübingen. Umschlag: Ute Ringwald, Frankfurt. Repros: Künstle, Tübingen. Druck: Gulde Druck, Tübingen. Einband: Großbuchbinderei Heinrich Koch, Tübingen.